班主任女生教育100个千字妙招

张万祥 主编

大夏书系·全国中小学班主任培训用书

不做"馋家的猫头鹰"

引导女生向"骄娇二气"告别

叛逆女孩找到幸福感

从"开屏"到"开卷"

莫让心灵蒙上嫉妒之尘

我对"留守女生"的管理经

"女汉子"的蜕变华章

道德日记疏导"早恋"

"冰雪女"变身记

这样的女孩才最美

帮她开启一扇梦想的大门

不能说的秘密

华东师范大学出版社

图书在版编目（CIP）数据

班主任女生教育 100 个千字妙招 / 张万祥主编 .—上海：华东师范大学出版社，2015.8
ISBN 978-7-5675-4101-6

Ⅰ.①班... Ⅱ.①张... Ⅲ.①女性—青春期—健康教育 Ⅳ.① G479

中国版本图书馆 CIP 数据核字（2015）第 215350 号

大夏书系·全国中小学班主任培训用书

班主任女生教育 100 个千字妙招

主　　编	张万祥
策划编辑	李永梅
审读编辑	张思扬
封面设计	奇文云海·设计顾问
出版发行	华东师范大学出版社
社　　址	上海市中山北路 3663 号　邮编　200062
网　　址	www.ecnupress.com.cn
电　　话	021 - 60821666　行政传真　021 - 62572105
客服电话	021 - 62865537
邮购电话	021 - 62869887　地址　上海市中山北路 3663 号华东师范大学校内先锋路口
网　　店	http：//hdsdcbs.tmall.com
印 刷 者	北京密兴印刷有限公司
开　　本	700×1000　16 开
插　　页	1
印　　张	14.5
字　　数	208 千字
版　　次	2016 年 1 月第一版
印　　次	2020 年 8 月第三次
印　　数	8 101-10 100
书　　号	ISBN 978 - 7 - 5675 - 4101 - 6/G·8643
定　　价	32.00 元

出 版 人　王　焰

（如发现本版图书有印订质量问题，请寄回本社市场部调换或电话 021-62865537 联系）

目 录
contents

第一辑　引导审美，培养亮丽高雅的气质

3	我教女生学化妆	覃丽兰
5	这样的女孩才最美	张秀云
7	"花蝴蝶"飞起来了	钟乐江
9	让花朵以最美的姿态绽放	夏玉珍
11	开理发店喽	李　雅
13	女孩如花，静待花开	管　静
16	一个个女生开始变得娴静和优雅	许丹红
18	我班有女"完美控"	赵　娜
20	帮助脸盘大的女孩打开心结	李艳丽
22	"你也可以做'女神'"	姚俊松
24	歌声荡漾你的裙	廖菊英
26	帮她开启一扇梦想的大门	陈　娥
28	做优秀的"女汉子"	刘　强

第二辑　关注青春期，搭起青春绿色屏障

33	女孩，绽放！	钱碧玉
35	当女生面临第一次的囧事时	江玉荣
37	男老师遭遇女生初潮	徐　峰
39	不妨用"柔术"来疏导女生	李爱群
41	我为舒月上"保险"	李　波
43	让"穿红皮鞋的女孩"释放出蕴藏的美	李　璟
45	让阳光永驻孩子的心田	应　燕
47	巧借美文，妙解心结	张晓艳
49	女孩，共享青春绽放的美妙	李春梅
51	"我是女孩，我自爱"	纪继兰
53	让孩子的情绪通过短信私密地宣泄	全　斌
55	爱心呵护早开花	孙淑敏

第三辑　排解苦闷，激发蓬勃的青春活力

59	优秀的女孩是"宠"出来的	何　峥
61	我对"留守女生"的管理经	刘姿爽
63	借一串手链做文章	杨国艳
65	教会学生自我拯救	王杰英

67	模特给她们上了第一节课	王金凤
69	"心语日记",好伙伴!	徐晓彤
71	爱有时也需要"糊涂"一点	陈晓娜
73	真情是心灵的衣衫	宋丽婷
75	看电视引起的风波	荆晓燕

第四辑　疏导"早恋",平息青春萌动的风波

79	梦醒时分	罗少武
81	润物无声巧引领	王国明
83	这场"早恋"风波就这样结束了	陈美彬
85	放低自我,走进"早恋"女生的心灵	呼宝珍
87	另类"早恋"女孩	郭华云
89	道德日记疏导"早恋"	滕陈英
92	不能说的秘密	田　旭
94	书信有奇效	王有鹏
96	你的笑容如花绽放	吴菊萍
98	你的青春你做主	于鸿丽
100	唤醒迷途的"羔羊"	张爱敏
102	她不再恋师了	董彦旭
104	引导学生全面理解"爱"这个字	田冰冰

第五辑　注重安全，增强自我保护意识

109	面对陌生人，女生要有一道底线	韩素静
112	帮女孩编织自我保护的防弹服	马彩云
114	"亡羊补牢"新传	张国东
116	我教女生有效地保护自己	郑学志
119	我教女生"对付"调皮的男生	钟　杰

第六辑　疏导心理，呵护脆弱自卑的心灵

123	永不言败	刘　祥
125	有信心等于成功了一半	刘振远
127	"乖乖女"不是"柔弱"的代名词	李巧枝
129	羞答答的玫瑰自信地开	陈艳华
131	微笑：走出阴霾的法宝	郭　笛
133	女儿有泪不轻弹	李学珍
135	呵护孩子头顶的露珠	安明星
137	愿你心中的花朵盛开如云	林云芬
139	我看到了她内心的欢腾	林志超
141	提供话语平台治愈优秀女生的"失语症"	潘雪陵
143	不做搬家的猫头鹰	何秀芬

145	女孩，请珍爱你的生命	宁解珍
147	珍惜当下是最好的结局	牛胜荣
149	泰山压顶，也不能放弃	任传述
151	为孩子的童年"减压"	王瑞端
153	让心语绽放芬芳	赵慧莲
155	弱女成"强汉"	祝 贺
157	书信交流融化她心中的坚冰	陈 锡
159	她的"红眼病"好了	张 群
161	孩子，成功并不那么难	管宗珍

第七辑　化解叛逆，迎来寒冬后的暖春

165	"四人帮"变形记	管福泉
167	叛逆女孩找到幸福感	卢东燕
169	"女汉子"的蜕变华章	陆凌燕
171	遭遇女生"撒酒疯"	刘坚新
173	"大姐大"不再棘手了	王双增
175	"梅超风"变形记	张书红
177	你本是一朵莲花，不胜娇羞	周 娟
179	你不喜欢我，我喜欢你	郭玉良
181	网络会悄悄传情达意	宁 杰
183	"趴桌女孩"变形记	梁世累

185	从"开屏"到"开卷"	吴小明
187	人心都是肉长的	张先娜
189	给叛逆一点空间	甘小琴

第八辑　提升修养，打造内心的美丽优雅

193	做自己的主人，不再寂寞	李　迪
195	帮她高扬巾帼英杰之气	谌志惠
197	让"小甜心"们更可人	霍松梅
199	成为名副其实的公主	贾焱鑫
201	"冰雪女"变身记	曹建英
203	巧设暗局化解矛盾	冯　岩
206	吾班有女初长成	李　晶
208	小纸条的华丽变身	李靖华
210	引导女生向"骄娇二气"告别	宋望兰
212	迷失的十佳歌手	唐元福
214	知缘惜缘才得真缘	徐大军
216	被人利用说明你有用	杨春林
218	让孩子的愿望得以完整实现	赵学东
220	爱，要勇敢说出来	朱一花
222	莫让心灵蒙上嫉妒之尘	高莉莉

第一辑
引导审美，培养亮丽高雅的气质

* 我们要给爱美增加一点教育内涵，增加一种跨越时间、跨越年龄的精神力量，让孩子们明白，姿色之美是父母的恩赐，我们应该感激。但是，仅凭这点还不够，我们要想一直美丽下去，还要学会通过努力、学习为生命化妆，这才是我们教育的真正重点。

* 爱美，很正常，但是也需要引导学生认识什么是真正的美。如何帮助学生提升美的内涵，这才是我们需要帮助学生厘清的。

我教女生学化妆

小雨居然粘了假睫毛，戴着大耳环，还拿着小镜子照来照去摆弄头发。旁边的几个小女生，对她崇拜得五体投地。

看来，应该进行一下"什么是真正的美"的教育了。

经过一番运作，我和女生们讨论"怎样的打扮才适宜"。她们带上自认为最漂亮的衣服，由同学们品评。

先展示的是娜娜，她穿了一身牛仔装。

大家说开了："牛仔装适合外出休闲穿，而且最好配上板鞋。""牛仔装太随意，不适合参加庄重的会议，会给人不慎重或者不重视的错觉。""也不适合运动。"……嗯，观点还挺准确的。

那么，公主裙呢？

"公主裙适合参加Party穿。"

"外出旅游最好穿旅游鞋和休闲装。"

"穿肚脐装会让人感觉像游手好闲的小太妹，不大适合我们中学生。"

我喜欢这种讨论。好多孩子持极端想法，不经过同龄人的评价，他们还以为大家都这么想呢！听听别人的意见，好多道理就不言而喻了。

经过一番讨论之后，有孩子提出一个具有争议性的话题："除了穿着之外，我们要不要给自己化妆？怎么化妆？"

我趁机请出化妆师，让她们猜猜化妆师的年龄。女生们实在猜不出，我公布答案后，她们一齐惊呼：化妆有那么高的奇效？

好，她们感兴趣，那就好办。我们现场做了一个活动——给自己化妆。化妆师请小雨做模特，边示范边和女生们聊"丽质秘笈"："学生的美在于自然，像粘假睫毛就不合适，打扮贵在相宜，而不是追求新潮。你看这位同学就适合这样画眉……"经过化妆师的处理,小雨的清新美丽顿时展现在大家面前。学生们纷纷感叹化妆太神奇了。

其他几个女孩子也争着重塑造型。化妆师一一满足大家的要求之后,我们聊起了"化妆的最高境界是什么"。

学生们猜来猜去没猜出来。化妆师告诉大家:"化妆的最高境界就是自然,适合自己的才是最美的。"她还引用了台湾著名作家林清玄的《生命的化妆》,和大家分享体会:"三流的化妆是脸上的化妆,二流的化妆是精神的化妆,一流的化妆是生命的化妆。"最后她总结说:"所以说,化妆的最高境界是无妆,是自然。怎样做到最高境界的自然化妆呢?那就是改变气质、多读书、多欣赏艺术、多思考,对生活乐观、对生命有信心,心地善良,关怀别人,自爱而有尊严,这样的人就是不化妆也丑不到哪里去。"

我随即告诉孩子们:"女生要先立志,然后励志,再通过学习,让自己一生'丽质'。我相信,只有浸透生命内涵的美,才是永不老去的最靓丽的容颜。"

课后,小雨悄悄地摘下了大耳环,也不再粘假睫毛了;文文不再埋怨校服不好看;大家都喜欢上了读书。女生们说,我们在进行生命的化妆,让自己更美!

爱美之心人皆有之,爱美,也是我们引导学生积极向上的一个重要因素。我反对一些老师盲目拒绝学生追求形体美、外表美。我觉得,只要学生有爱美之心,我们就能够引导他们积极向上。关键是,我们要给爱美增加一点教育内涵,增加一种跨越时间、跨越年龄的精神力量,让孩子们明白,姿色之美是父母的恩赐,我们应该感激。但是,仅凭这点还不够,我们要想一直美丽下去,还要学会通过努力、学习为生命化妆,这才是我们教育的真正重点。

点点思雨

(覃丽兰　湖南省怀化市铁路第一中学)

这样的女孩才最美

办公室里,有老师在发牢骚:"住宿班的女生只会打扮,就是不把心思放在学习上!"

的确,近来住宿班的女孩越来越爱打扮了——课堂上时不时拿出小镜子照一照,摸出小梳子拢一拢头发;每周四的下午,大多数女生都会长发飘飘,刚洗过的头发散发着一股清香,我猜那天是她们的洗头日;有的女孩头上今天戴朵小花,明天戴个别致的小发卡;有的女生手指甲涂得或乌黑发亮,或鲜红如血,或色彩斑斓;忽然有一天全班四分之三的女生换上了牛仔装……

月考过后,成绩出来了,年级前五名中一个住宿班的女生也没有。但课堂上小镜子的影子依然在闪现。

课下向几位女生询问为什么没心思学习,她们笑嘻嘻地说:"每年有大把大把的毕业生找不到工作,学习有什么用?女孩子家,学得好不如嫁得好!"

我被她们的话惊得目瞪口呆,对她们持这样的想法我感到很心痛。

作为新班主任,我该怎样让她们明白什么才是真正的美呢?

故事熏陶?

古代花木兰替父从军是孝德美,女扮男装、英勇杀敌是勇气美;才女卓文君写有精巧的《数字诗》,蔡文姬有令人肝肠寸断的《胡笳十八拍》,谢道韫少有咏絮才,李清照被誉为婉约词之宗,这些"扫眉才女""不栉进士"具有一种令人欣羡的智慧美;近代刘胡兰为祖国为人民抛头颅洒热血,具有一种流芳百世的正气美。

我讲得满怀激情、热血沸腾,但是一看她们,有的却在漠然地偷偷用彩带编织着手链,个别的看着我激动的样子脸上还荡漾着笑意。

换位思考？

我问一上课对镜自照的女孩："假如你是百万富翁，你会娶一个没有文化只爱打扮的妻子吗？"她摇摇头。

我说："每个女孩将来都要为人母，智慧的母亲才会教育出智慧的孩子。"她若有所思。

诗歌感染？

为了让女孩们更深刻地体会做一名独立、自强的人的重要性，我利用大屏幕播放了舒婷的《致橡树》，并指导同学们朗读、欣赏。

诗人不愿做依附在橡树上失去自我的凌霄花，也不愿做整日为绿荫鸣唱的小鸟，不愿做一厢情愿的泉源，不愿做盲目支撑橡树的高大山峰。诗人要做一个人格平等、个性独立的人。这才是一种自立自强的人格美！

同学们深情地朗读之后，我又让她们展开了讨论。在畅谈收获时，她们总结出了什么才是真正的美，什么样的女孩才被大家喜爱，那就是：勤劳、朴实、独立、自强、智慧、有爱心……

一个女孩的话赢得了大家热烈的掌声："内在美才真美，女孩应做一棵木棉树，只有自立自强，那火红的花朵才更显得娇艳可人！"

我总结道："女孩爱美是天性，邋遢的女孩没人爱；人人都爱美，但爱美要适度！"

青春期的女孩，敏感羞涩，但也好奇迷茫；心事多了，更注意打扮了。特别是从农村来的女孩，城市的浮躁影响了她们纯净的心，但是这些远离父母的孩子不知道应该怎样树立正确的自我形象；前进失去了目标，学习失去了动力。所以老师的正确引导必不可少，要多猜猜她们的心事，分享她们内心的悸动；要引导她们用知识开阔眼界和胸襟，提高文化修养，培养她们对各种诱惑的抵制力，用真诚和爱心开启她们的心锁，用智慧和耐心为她们的青春期保驾护航。

（张秀云　河南省濮阳市第七中学）

"花蝴蝶"飞起来了

"老师,'花蝴蝶'在教室里哭了。"快嘴"小喜鹊"李珊跑来说。"怎么回事?""不知道,您快去看看吧。"

这个"花蝴蝶"叫张香花,是出了名的"追星族"。人如其名,小小年纪,就爱打扮——施脂粉、坠耳环、喷香水、照镜子,平时总是穿得花枝招展的,嘴里总是哼着周杰伦的歌。因为头上总扎着一对蝴蝶,大家就给了她一个外号"花蝴蝶"。有一次上劳动课,大家在花池里除草,这个张香花,做事娇里娇气的,刚蹲下不久,就用镰刀把左手手指划了一道小小的口子,她吓哭了,哭得好伤心。同学们很奇怪:这么点小伤,至于吗?可她却说:"我不是怕痛,是怕留下伤疤,多难看呀!周杰伦他们可没伤疤呀!"这句话逗得大家哈哈大笑。遇到这样娇气的"追星族",真没办法。

我赶紧从办公室出来,赶往教室。半路上,几个女生告诉我,"花蝴蝶"脸上长痘痘了,她觉得不好看,急得哭了。

哦,怪不得一向喜欢到处招摇的她这几天总不出教室,老实多了。我来到教室里,一边安慰她,一边把她和几个平日里爱打扮、很注重自己容貌的"追星"女孩子一起叫到了办公室。我对她们说:"你们不是喜欢明星吗?今天,我给你们讲一个明星的故事。""明星?是周杰伦吗?"她们既惊又喜。"是一个外国明星。"我接着说,"意大利著名影星索菲亚·罗兰中学毕业后,看到招聘电影演员的广告,就抱着试试看的想法去试镜。几次试镜以后,化妆师都说她鼻子太长,臀部过宽,形象不太理想,劝她去整容,可索菲亚·罗兰拒绝改变自己的容貌。后来,通过努力,她以自己本来的面目获得了成功。成功后的罗兰说:'记者曾评论我的嘴太大,下颚太宽,嘴唇太厚,但这些部位合在一起却给人一种美好的印象。我说这些并不是赞美自己,而只是想表明，美不是以一种理想的形式存在的。'"

讲到这里，我语重心长地对她们说："姑娘们，美，不在于外表，而是一种诚实的表现，它可能是你的笑容，你友好的表示，也可能是你的安详与宁静，或者是你与人交往中展现出的热情和同情心。"看她们似懂非懂的样子，我接着说："世界文豪托尔斯泰说过，'人不是因为美丽而可爱，而是因为可爱而美丽'。"

"托尔斯泰？"姑娘们想到了班上的小作家"托尔斯泰"张浩，一个个都笑了。"花蝴蝶"也露出了笑容，说："老师，我懂了。"我接着说："脸上长痘痘，是正常的生理现象，不必太在意，周杰伦曾经也长痘痘呢。""真的吗？""是啊，那些明星都长痘痘呀。张浩也长痘痘了，大家不还是很喜欢他吗？愿你们每一个人都因为你们的可爱而美丽。"

看着"花蝴蝶"她们高高兴兴地离开了办公室，我笑了。我明白，教育女生，得从正面引导开始，得慢慢来，千万不能伤及她们的自尊。

点点思雨

"追星"也是一种文化，一种现代校园文化。对于青少年学生来说，他们崇拜那些港台影视明星、体育明星以及"超女""快男"等青春偶像，这是很正常的现象。面对这些"追星族"，尤其是女生，我们不能一味地、刻意地去"堵"，要善于引导他们从偶像崇拜中获得健康成长的正能量。我们得从正面教育引导开始，在不伤害她们自尊的基础上，慢慢教育开导。也许，就像转化"花蝴蝶"她们那些"追星族"一样，我们的教育目的会在不经意间得以轻松实现。

（钟乐江　四川省广安市教育局）

让花朵以最美的姿态绽放

花有百态：春花妖娆，夏花绚丽，秋菊静美，冬梅傲骨。女人如花，女孩尤娇，在适当的时间以最美的方式绽放，便会有沉鱼落雁之美、闭月羞花之色。中学花季少女正处于含苞待放的时节，一个班级里几十个女生，少不了春花、夏花、秋菊和冬梅，少不了百花争艳、百色齐放的景象。在她们各自欲怒放之初，班主任需悉心呵护，以便让她们绽放出最美的姿态。

"悄悄话"信箱由此诞生了，我写上寄语："今天你走的路正是我昨天的行程，你今天的郁闷或困惑正是我昨天经历过的。哪里有坎坷，哪里有喜悦，哪里有风雨，哪里有彩虹，我都如数家珍。你多愁善感、敏感脆弱，你想和闺蜜咬咬耳朵吗？来吧！我等着你，点亮你的心灯，照亮你的青春路！"这个信箱挂在女生寝室的门后面，周一到周五是学生自由投放的时间，她们会做上特别的标记，周末我打开信箱一一阅览、回复，周日学生到校后，由室长开箱统一发放回信。

采撷几朵，一展其美：

春花一簇："我们班女生每天洗澡后都不急着回教室，而是聚在寝室里梳妆打扮，议论男生，然后彼此嬉笑一番，她们是不是染上了流氓习气？"

回复："你是我们班级的贴心小棉袄，因为有你的温暖，大家庭才显和谐。你的关心，大家彼此心照不宣。青春期的躁动也没瞒得过你的小眯眼，我期待你的更多动态哦！"

夏花一枚："我型我秀，我秀我酷！爱是一种挡不住的诱惑，我就喜欢他，有错吗？不能自拔，不可以吗？"

回复："恭喜你，你处于正常的发育阶段，爱的萌芽，就是青春的标志。请努力超过他，彰显你的个性，展示你的独特魅力，引起他的关注，让他对你刮目相看，这是上上策。"

秋菊一朵："我妈妈外出打工几年，回来的时候变得很漂亮了，但是我不高兴，周围的人对我妈妈出言不逊。现在我大了，知道一些事儿，我为我妈妈感到羞耻，我该怎么办？"

回复："莲，'出淤泥而不染，濯清涟而不妖，中通外直，不蔓不枝，香远益清，亭亭净植，可远观而不可亵玩焉'。做最好的自己，就是我们喜爱的莲花。"

冬梅一枝："哼！你们有什么了不起？不就是运动会上拿了几个冠军吗？巾帼不让须眉，明天的运动场上我们女生定会独领风骚，给你们男生一点颜色看看。我们班是我们女生的天下！"

回复："'巾帼不让须眉'，赞一个！好男儿志在四方，好女子不甘落后，你们不失为我中华好青年！不过，瞧瞧我们班的男生，他们也有男子汉的风范哦，何不联手共超兄弟班？"

……

什么叫绚丽多彩？什么叫青春百态？一个拥有二十几位女生的班级，足可见各种花独放异彩。她们或张扬，或含蓄，或娇艳，或淡雅，都是一道道风景！

> 在强大的教育磁场里，"阴盛阳衰"在学校里很盛行，女生以她们强势的外在表现掩饰着她们内心的孱弱，迷惑着教育者，挑战着教育资源。花，不论以什么姿态开放，总归是花，需要养分和呵护，我们不要因为它一时的茂盛而忽视对它的滋养，也不要因为它一时的娇艳而让它太过矫情。花开花落，潮起潮落，每个瞬间都是壮观的，让我们做个有心且智慧的观花人。
>
> （夏玉珍　湖北省宜昌市长阳土家族自治县磨市镇救师口小学）

点点思雨

开理发店喽

"李老师开理发店了，免费为女生剪刘海儿喽……"这个"雷人"的消息正在我们美丽的校园里慢慢地扩散开来！

不错，我正式成立了一个"理发店"，地点就是办公室。两把剪刀，一个小梳子，一面小镜子，就是我全部的"家当"。

这里是有原因的。前几天，我发现我班几个女生的刘海儿越来越长了，盖住了半边脸，她们有的用手拢了又拢，有的把头向右后方甩了一次又一次，还有的干脆就伸长了脖子，透过刘海细密的缝隙很吃力地盯着黑板……她们的眼神似乎都呆滞了，精气神都没有了。看着她们的这种表情，我心里着实难受。

为什么不修剪呢？原来家长打工不在家，她们也就像没娘的孩子一样了，连个刘海儿都不知道剪！

说到剪刘海儿，我就想起了自己的爱好——剪头发。我从小就对剪发情有独钟，经常会拿把剪刀学着理发师的模样"龙飞凤舞"，后来"自修成材"，剪发技术得到邻居们的一致肯定。若不是后来上了师范，我现在可能已经是知名理发师了呢！

既然她们不方便，那就由我来剪吧！整个头发我都能剪，何况区区刘海儿呢！

心动不如行动！我当即对学生们说出了我的"宏伟计划"。可是，大家都流露出惊诧怀疑的神情，貌似没有一个人相信我的手艺啊！

一天下午，我把"家当"一一展示给学生们看，除了一个调皮的男生让我帮他剪去几根过长的头发外，还是没有一个女生响应。我有点儿沮丧！

看来，得先找个"托儿"才行啊！

学生叶子，是一个很秀气的女孩儿，学生干部，平时很听我的话，而且她的刘海儿早就该剪了。我把想法跟她一说，果然，她很乐意接受我的安排。

坐在椅子上，我仔细端详着她的脸型，决定剪一个漂亮的齐刘海儿。我把一张大报纸撕个洞套在她脖子上，就开始工作了。经过精心地修剪，不一会儿，一个清新灵气的小女孩就出现在大家面前！

看着镜中的自己，叶子羞涩的眼睛里洋溢着无限满意的笑容。果然，她刚一回班，就有几个漂亮的女生跑过来，嚷着要我为她们修剪刘海儿……

一口气剪了四个人的刘海儿，有直的，有斜的，也有圆的。后来，办公室小张老师看到我的"作品"后，也过来让我帮她修剪。

"老师可以开理发店了，看她的技术多棒！"

"是啊是啊，这一会儿工夫就剪了好几个，最少也能赚二三十了吧？"

"老师现在要教学，哪有时间开店，就是开也得等退休后开。"

"老师，你什么时候退休啊，到时候我们都找你剪头发去。"

听着她们七嘴八舌的议论，我笑死了——就靠着你们几个人，我要开理发店的话，铁定饿死！

这天放学时，又有两位女生和我约好第二天剪发。

目前，因为时间有限，"生意"仅限于剪女生的刘海儿，不过，要是有学生非要找我整个发型什么的，我还真不含糊！

我们学校是偏远的农村小学，许多家长常年外出打工，孩子便成了可怜的留守儿童。没有父母在身边提醒和关爱，即使是豆蔻年华的少男少女也都变得邋遢起来，他们根本注意不到自己的形象问题，我班这几个女生就是例子。女孩子都爱美，但又怕老师剪不好反倒变得更丑了，症结找到了，我便对症下药找了一个"托儿"。当她们看到叶子修剪过刘海儿后秀美的模样时，她们就都心甘情愿地让我剪刘海儿了。现在，我班的女孩子们一个比一个精神秀气了。

（李　雅　河南省周口市开发区许寨小学）

女孩如花,静待花开

女孩,是人间的花,含苞待放,婀娜多姿,姹紫嫣红。这朵朵人间奇葩,开在人生四季,阳光雨露滋润,风雨烟尘濡染,要时时保护保养保鲜自己。

我很注重对女同学自尊自爱、自立自强品行的培养,于教学中渗透,于教育中点拨。比如我曾给女生留过这样一个专题:从古诗词中看我国古代妇女的地位和爱情观(参考课文:《静女》《氓》《孔雀东南飞》《鹊桥仙》以及李清照的词等)。学生自己组织命题、查找资料、自主成文,然后分组讨论、集中展示。大家各抒己见,观点异彩纷呈,资料翔实。我记得王旭同学展示的题目是"女人,你的名字是强者",借莎士比亚的名言"脆弱啊,你的名字叫女人"引出标题,很有气势。然后结合诗文中女性对爱情的痴心、对爱情的执著、被弃后的豁达与坚强,歌颂女性的伟大,进而强化女性要自尊自爱、自立自强的主题。

学习舒婷的《致橡树》时,我极力赞美诗文中独立、平等的爱情观,并与学生一同朗诵"我必须是你近旁的一株木棉,作为树的形象与你站在一起",以此熏染女生。我曾带动女生一起读《藏在书包里的玫瑰》《碎在案宗里的玫瑰》,这些青春期性教育读本中的一个个真实案例,让她们心潮起伏,她们一致表示要善待初恋的情思。我还特意送女生一首小诗——《不要轻易说"爱"》:

十六七岁,情窦初开
男孩帅气,女孩可爱
不要轻易说"爱"
柔嫩的肩,扛不起这份厚重的爱

远远地望着，冥想十分钟
设计一次会面，有多浪漫

桃花开了
别忙着把枝头点染
青春的花只开一次
谢了，就永远错过春天
同学间重友爱
宽泛，温馨，没伤害

摘一片绿叶，做成书签
他年拾起
曾经的我，曾经的你
都是一段美丽

女生们传抄这首诗。诗样的年华怎能不喜欢诗呢！

我还开过主题班会"女孩，学会保护自己"，并给出11条建议：不允许男性接触自己身体的隐私部位；不化妆，不穿紧身与过于暴露的衣服；举止得体大方，不招摇，不轻佻；不贪吃，不贪玩，不过于追求享乐；与男生交往疏而不密，亲而不腻；不单独与男生在昏暗的地方长时间停留；走夜路与人结伴；晚上不去室外厕所；不向陌生人透漏自己的信息；不轻信老男人的温文尔雅；遇到骚扰时，大声喊人，勇敢地斥责。青春的花只开一次，必须珍惜。

我曾带女生们绣十字绣，练女红；鼓励她们弹琴读诗作画，培养自身的艺术气质；教她们操持家务，学会生活自理；也曾带她们养花、种草、喂养小动物，培养爱心。女生们常抱怨我对她们要求严格，还说我重男轻女。女孩们，你们可晓得，那是老班对你们特别的关爱。

女生是校园独特的风景,学生十七八岁,情窦初开,性教育与早恋问题是摆在班主任案头的大事。对于这些敏感的话题,学生想说又难于启齿,以专题、案例、诗歌、主题班会等丰富多样的形式放到课堂上敞开谈,学生很感兴趣,也比较喜欢。如今"娇娇女"多,教会她们生活自理很重要。为抵御享乐主义侵袭,教育女生懂得自尊自爱、自立自强也很关键。班主任是学生成长路上"重要的他人",要时时提醒,适时教育。

(管　静　黑龙江省富裕县职业技术教育中心学校)

一个个女生开始变得娴静和优雅

看到红苹果班上的女生，一个个如韩剧《我的野蛮女友》中的女主角般泼辣和风风火火，我不禁忧从中来。协助老师管理的女生，一副河东狮吼、"泼妇骂街"样。这样的情况，在心智发育女生早于男生的小学阶段，屡见不鲜。一个个女生宛如一只只"母老虎"，离原本女子该有的温柔和体贴越来越远了。

我告诉她们，每一个女孩无论成绩优劣，无论长得是否美丽，都是一朵娇艳盛开的花朵，要珍惜自己，呵护自己，并努力让自己的言行得体。女生们睁大了明亮的眼睛，若有所思。

我给每一个花香扑鼻的女孩赋予花的含义。对班上的每一个女生，我都用一种符合她生命特质的花来喻指，并在宣传栏中张贴这些花，在含苞欲放的花蕾中，是每一个女生的头像。我希望她们在未来的日子里都能做心思细腻、花香沁人的女子，装点这个美好的世界。

聪明伶俐的怡笑，赋予她牡丹花奖；

乖巧可爱、亭亭玉立的原青，赋予她荷花奖；

才艺卓绝的子涵，赋予她百合花奖；

小巧机灵的陈为佳，赋予她茉莉花奖；

倪慧洁：山茶花奖；

孙笑叶：杜鹃花奖；

祁成成：豌豆花奖；

小艺：睡莲奖；

陆思佳：桃花奖；

……

女生们，渐渐地如花朵一般的优雅和芬芳，对待男生也变得和颜悦色。我看在眼中，喜在心中。

那个可爱的小艺，一开始我真的想不出该送她什么花奖合适，因为她其貌不扬，资质平庸至极，学习成绩糟糕透了。可她也是一位可爱的女生，只是还沉睡着而已，我相信，总有一天她的生命会像娇艳的花儿一样灿烂。"睡莲"，就称她为"睡莲"吧，现在她还静静地睡在黑夜里，相信终有一天她会熬过黑夜，等阳光升起，她一定会美丽绽放。我赋予她"睡莲奖"，一如既往地关心她，终于，她的成绩慢慢提升了。

四年后，我离开了这个班的孩子们，来到了新的单位，而小艺，在我离开前的那一个学期，终于考到了她生命中的第一个"90"分。属于她的"白天"已经来到，她娇艳地绽放了。

开学前，我接到小艺爸爸送的锦旗，他说："许老师，谢谢您对我家孩子的呵护。您这么尽心尽责，面对我们这些外乡人，您丝毫没有看不起我家小艺，我们很感动。"

接过沉甸甸的"爱岗敬业　无私奉献"锦旗，我知道，我所进行的一些摸索，已在孩子、家长的心灵上留下了许多甜蜜的痕迹。童年的沙滩里，布满了一串串愉悦的脚印、自信的脚印，世界上还有什么比做老师更有价值呢？

> 很不喜欢星级少年评奖，可爱的孩子为什么要被分为三六九等，用冷冰冰的数字区别？每一个学生，无论他天资聪颖、灵动与否，都值得我们每一个教育者尊重和爱护，并寄予无限希望。期末时，我决定丢弃星级少年评比，把每一位女生喻指成一朵鲜美的花，给女生精神上的熏陶，鼓励她们向着更好处漫游。有了这样的希冀和鼓励，一个个女生开始变得娴静和优雅，说话也温柔和善解人意了。她们散发着温润的气息，装点着这个美丽可爱的班级。
>
> （许丹红　浙江省桐乡市实验小学
> 教育集团北港小学）

我班有女"完美控"

那是一节静悄悄的数学自习课，同学们有的工整地抄写习题，有的认真地埋头思索，有的仔细地演算着，一切是那么井然有序。忽然，传来不间断的撕纸的声音，我闻声望去，只见刘美美着急又无奈地在数学作业本上比画着。见状，我轻轻地走上前，只见刘美美正在作图，可惜每次画出的图形都有小小的瑕疵，偏偏美美是个十足的"完美主义者"，于是她一次次把画好的图形"枪毙"了。

其实这样的情景发生在刘美美的身上，已经不足为奇了，小姑娘长相姣好且学习优异，成为同学们竞相羡慕的对象。谁料，美美是个不折不扣的"完美控"，凡事都要求十全十美，为这个没少吃苦头。考试中她曾为了思考一道填空题而忽略了分值较大的应用题；也曾为了一张书法作品耗费两个多小时的时间……面对这个单纯而敏感的女孩，我不敢简单直接地指责，生怕她脆弱的心灵受不了，看来只好步步深入地顺势引导。

在一次难得的课外拓展活动中，我带领同学们到街心公园采集树叶标本。深秋时节，公园里的落叶随处可见，或在空中飞舞，或飘至地面，密密麻麻，形状万千。不一会儿，同学们都捡拾到了各种各样的落叶。正当大家都在炫耀自己的"战利品"时，我却发现刘美美两手空空，还在焦灼地寻找着。她望望这片叶子不漂亮，瞧瞧那片也不合适，好不容易找到了一片，却又发现个芝麻大的小洞。这时，我随意捡起几片叶子，语重心长地对美美说："孩子，金无足赤，人无完人，树叶也是一样的。尽管每片叶子都有不完美的地方，但它们都是独一无二的，都是唯一的存在。不信，你仔细欣赏欣赏！"美美一边听着，一边若有所思地看着，忽然像哥伦布发现新大陆般地说："这片叶子好像手掌，那片叶子如同小船，真有趣！"是的，每片树叶都是不同的风景,共同组成了多姿多彩的世界。

那次活动归来,同学们都感觉美美变了,她变得开朗了、和气了,不再用同一把尺子评价班里的同学,还主动帮扶成绩不理想的学生。尤其是小组比赛时,面对小组成员的失误,她也不再一味地抱怨了,而是分析对策,带领大家一同进步。而且,她对自己的考试名次也不斤斤计较了,即使偶尔名落孙山也不气不恼,"第一不重要,努力最重要"成为了她的成长座右铭。

的确,在不少优秀女孩的眼里,一切都应该是美的,是无瑕的,但这个世界毕竟有着缺憾,有着不足。改变"完美控"女孩,正需要在她们心田间播种下宽容、平和的种子,让她们走出苛求完美的"泥潭",唯有这样,才能使其长成参天大树,坦然迎接生活中的风风雨雨。

> 完美是许多出色的女孩美好的愿望和追求。但是,大千世界毕竟不是完美的"童话王国",高与矮,大与小,美与丑,都真实地存在着。从不经意的捡落叶入手,真实的情境给了"完美控"女孩真切的体验,使其从中强烈地感受到差异的存在,从而学会包容,学会欣赏,学会呵护,以海纳百川的胸怀面对世界,迎来明媚的春暖花开。
>
> (赵　娜　河南省濮阳市昆吾小学)

帮助脸盘大的女孩打开心结

上课前几分钟,我习惯性地走下讲台,来到学生中间。

坐在第一排的吴荣荣正低头看书,两边披散着的头发顺着脸颊垂下来,遮住了她的半边脸,也挡住了来自四方的光线。而她的鼻梁上,正挂着一副厚厚的眼镜。

又一个近视眼!

看着她垂下来的头发,我忽然想起一个在眼科医院工作的同学和我聊到的话题,他说,女孩子尽量别披散着头发,因为那样头发会遮盖视线,最容易影响孩子的视力。

"荣荣,为什么把头发披散开呢?你看光线都被头发遮挡住了,一点也不注意保护自己的视力,亏你还是一个近视眼。"我嗔怪她道。

"嘿嘿,老师,我不想扎起来。"荣荣抬起头,眨巴眨巴眼,不好意思地笑了。

"哎,老师,我跟你说个悄悄话——"一边站着的岩岩听到我俩的谈话,一把拽住了我,把手拢在我的耳边,悄声说道:"其实荣荣是嫌自己的脸大,所以才不扎头发的。"

岩岩刚神秘兮兮地离开我,荣荣就有点害羞地凑近我,说:"老师,我一直觉得我的脸盘有点大。"

没想到这孩子竟然这么直率地和盘托出了困扰自己的小烦恼。一个青春期的女孩子把自己很介意的长相问题毫不保留地说给我听,我为这份难得的信任感动了一把。

"我没有觉得你的脸盘有多大呀。"我随即把目光转向岩岩,"你瞧,荣荣的脸蛋多漂亮,皮肤那么白,脸色又红润,就跟水蜜桃似的。"

"是啊,老师,荣荣的眼睛还那么好看,瞧那眉毛,多精神!"岩岩是个聪明的家伙,赶紧随声附和道。

"真的吗，老师？"荣荣笑意盈盈地抬起头来，羞涩而又自信。

"就是啊，我觉得你的脸盘特别好看，而且皮肤水水嫩嫩的，看起来特水灵莹润。要是让披散着的头发给遮盖住，那真是太遗憾了啊！"我夸张地用手捂住了双眼。

"老师，我现在就扎起来。"荣荣一下就扯出了手腕上的皮筋。看来，这孩子一直备着呢。她动作娴熟地把头发扎成了个马尾，清新亮丽。

"瞧瞧，这又漂亮又利索，还保护视力，多好啊！"我抚摸着荣荣俏皮的小辫子，由衷地赞叹道。

"你们这个年纪，是一生中最漂亮的时候，尤其是额头部分，光洁如玉，一定要展示出来，不然，像我这样年龄大了，皱纹都生出来了，想展示都不好意思呢。"看着荣荣额头上厚厚的直垂到眼睑的刘海儿，我不惜自毁形象，现身说法，因为我知道荣荣之所以会近视，厚厚的长长的刘海儿也是"功不可没"的。

"老师，给我一把剪刀，我现在就把刘海儿剪掉！"调皮的荣荣当即表示"痛改前非"。

"上课！"我一把按下冲动的荣荣，对全班同学说道。

爱美之心人皆有之，特别是青春期的女孩子，渴望追求美丽的心思虽然刚刚萌芽却以不可遏制的激情蓬勃发展。不过，她们的审美标准有点模糊，审美眼光有点褊狭，而且这时候的她们敏感而又多疑，茫然而又固执。这中间，免不了有小困扰、小烦恼。但可喜的是，她们在茫然中坚守着对美丽的追求，在敏感中保持着对师长的信任。做老师的一定要仔细观察，当发现一些端倪时，一定要适时开导。殊不知，有时候，打开孩子的心结，只需要老师的几句话而已。

（李艳丽　河南省濮阳市第一高级中学）

"你也可以做'女神'"

"姚老师,你们班张莹扇我耳光!我的手也被打肿了!"一位女生委屈地向我告状,哭声撕心裂肺。

事情处理得很顺利,"受害者"承认自己在网上有不敬的话语,张莹也深刻检讨了自己不该有的"暴行"。最后,在双方家长理解包容的基础上达成了和解,但张莹如此出乎意料的行径却让我怎么也无法平静。

"姚老师,实话告诉你吧,从小我爸妈就把我当男孩养,别说和女生打架,就是和男生打架也是常有的事儿。"事后,我与张莹聊天,她的语气、她的成长背景让我感到惊讶。

"你知道什么叫'女神'吗?"我试图改变她的思维模式。"应该是那种特别有女人范儿、女人味、女人气质和魅力的人吧。"她一口说出了几个描述"女神"的词,看得出她对"女神"还是很有仰慕之情的。

"但是我吧,可能更适合做个'女汉子'。做'女神',我没有那天分!"说后一句话时,她眼神里有失落,也有无奈。

"'女神'还需要天分吗?如果需要,你认为自己缺少什么?"我因势利导,将她的话题向外延伸。

"我不够温柔,也不漂亮,不够文静,也不可爱,还有……"她在陈述自己缺点的时候,声音越来越小,头也埋得越来越低。

"张莹,其实你也可以做'女神'。你所说的这些,不是你没有,而是你没有努力争取,或者根本就没有想过要争取。如果你还相信姚老师的话,我们用一个月的时间做个实验,你先试着去做自己心目中的'女神',怎么样?"

她长时间地沉默,这种沉默就是一种好的转变。

"如果老师还相信我的话，那我就试试，先努力做自己心目中的'女神'。"虽然还是没有足够的底气，但她抬起了头，有些害羞，和打人的"女汉子"判若两人。

"姚老师，张莹是不是受什么刺激了，怎么说话变得细声细气的，连笑都不敢大声，还捂着嘴，别扭死了。"听着家长略带自豪的"抱怨"，我似乎看到了希望。

接下来，我开始实施另一项特别的计划。

"姚老师，我有个小秘密想与你分享。"一次大课间，她很不好意思地找到我，"有一个男生给我写了很多的情书，我该怎么办？"说着，她把一沓"情书"呈现在我的面前。我很"认真"地读着每一封"情书"，情书内容与那个神秘的男生，都在我的特殊计划之列。

"在这个男生的心中，你就是'女神'，所以你做到了，实现了从'女汉子'到'女神'的完美蜕变，祝贺你！"

"那……那这些信怎么办？"她还不舍得放弃这些来之不易的资本。

"没事，就当什么事情都没有发生。'女神'嘛，总会有很多仰慕者的。"她害羞地微笑，那感觉就是一个淑女。

在接下来的日子里，我们又开展了以"寻找身边的榜样"和"最美少年"为主题的班会活动，张莹也总能榜上有名。我颇感欣慰，一个花季少女找回了她应有的美丽。

和其他人群相比，中学生，尤其是女中学生，有着更强的表现需求和彰显自我价值的欲望。懵懵懂懂中，她们越来越关注自己在别人心目中的形象；隐隐约约里，她们在寻找机会张扬自己的个性。在这期间，不同性格的女生会寻找不同的途径。此时，我们的教育有着不可替代、不可或缺的作用。我们要用智慧的关爱给她们创建理性的舞台，让她们获得充分展示价值的力量；更要用持续的关注矫正她们稚嫩的审美误区，让她们的爱美之情合理地释放，让她们更健康地成长。

点点思雨

（姚俊松　河南省濮阳市第四中学）

歌声荡漾你的裙

《红楼梦》中的宝玉说：女儿是水做的，男人是泥做的。但在20年的小学班主任生涯中，我觉得男孩子如听话的小树，而女孩子如树上的鸟儿，每天快乐地飞来奔去，格外调皮。

2012年9月，我来到一所农村学校支教，接任二年级班主任。为了尽快了解学生的特点，在他们上数学课时我偷偷去观察。

第一天的数学课，她就站在凳子上，把那如墨汁染过的双手举得高高的，大呼小叫，两个一尺长的粗粗的羊角辫，跟着一上一下地摆动，接着，几个男生也学着她踩上了凳子。

在我的课上，我也仔细地观察了她，她整个人像是从垃圾堆里钻出来的，只见像星星一样的一对大眼睛一眨一眨的。对了，她这个样子，不正是《悲惨世界》里那个讨饭的小正太嘛！叫着她的名字"温博雅"，我怎么也体会不出"博雅"来！全班35个人，她单座，排在最后。在我的课上，她虽不敢离座，可一个字也不写，东张西望地像丢了西瓜的小猴子，急得抓耳挠腮。

课后我问她："这节课哪位同学得到了老师的奖励？"

她说："李娟得到了老师奖励的一个本子。"

我微笑着轻轻地对她说："下节课，希望得到奖励的是你。"

第二天的数学课，我又像侦探一样，躲在后门，悄悄透过窗户看去，她的座位上怎么是空的呀，人呢？再往地上一看，她蹲在地上，在教室的后面，蹲过来蹲过去，像一只鸭子，不知道在玩什么游戏……

我和科任老师说了说温博雅的情况。音乐老师说："她歌唱得很动听，舞也跳得不错。"知道了她的这一爱好，我就像找到了解决难题的办法。上帝关了这扇门，一定会打开另一扇门的，而这扇门的钥匙——就是她的特长。

于是,她当了"官"——"领唱老师"。每节课前五分钟,她都站在讲台上,带领同学们唱两首歌。

在课堂上,如她答不上问题时,再"罚"她唱一支歌,当得到同学的掌声时,那两个羊角辫也高兴地一上一下地跳。

正好,朋友为我们班捐了一百多件衣物,我帮她挑了一件粉红色的小短裙穿上,配上她最近洗得白白净净的脸蛋,十分可爱。在大家热烈的掌声中,她边唱《小松树》,边自编舞蹈跳起来,像一朵正待盛开的梅花。

歌声如蜜水,使她在课堂上品尝到了甘甜。她稚嫩的歌声如风荡漾着她粉红色的裙角舞动起来。明媚的阳光照进教室来,像同学们给她的笑容,散发着淡淡花香。我仿佛看到多年后,长大的她,成为了我们农村一位土生土长的、名副其实的"洋芋花开赛牡丹"的歌唱家。

点点思雨

刷微信时常看到:孩子是柳树,就不要去闻花香;是高山,就不要仰望彩虹……是呀!一间教室里的孩子,有的是不起眼的灌木,有的是珍贵的奇树,有的是一阵风,有的是团泥巴……不论什么"自然景物",都是有用之材,都是人类的一道风景。如果我们能帮助孩子找到开启美丽这扇门的钥匙,引进阳光来,照耀他们的生命,让他们在自己动听的歌声中,舞起最自信的人生之"裙",我们也不愧为"水"做的一位"班主任"。

(廖菊英 甘肃省兰州师范附属小学)

帮她开启一扇梦想的大门

"爱美之心，人皆有之。"女生大多爱美，特别是长得漂亮的。她们有的整天只知道怎么打扮自己，比谁的头发梳得漂亮，比谁的衣服穿得漂亮，心思完全不在学习上。本来非常聪明的孩子，结果因为爱臭美沾上种种坏毛病，如果家长不能及时发现，老师不能采取正当的措施，她们将误入歧途。

陈道芳，认识她，还是她读五年级的时候。那时候我并不教她，但是却对她印象非常深刻——除了因为学校小，更重要的是因为她只知道梳妆打扮。今天把头发梳成这个样，明天把头发梳成那个样，她成了办公室里的常客。所有的老师都说："这孩子这么聪明，却只知道打扮，不爱学习，真是无可救药了。"她留给老师的印象就是这样。班主任老师看其他老师这样说，把她喊来狠狠批评一顿。可她走出办公室，还是老样子。

六年级时，领导安排我接手她所在的班级。我想：这么聪明的孩子，如果还不及时回头，越长越大，不知会变成什么样。于是我把她叫到操场，和她一起散步，和颜悦色地对她说："陈道芳，我今天把你叫到这来，是想和你好好谈谈。在这里，我们可以随便说，你把你想说的话都告诉我，我也把自己想说的话告诉你，我们敞开心扉，好吗？"

她点点头。我接着说："你读五年级时，那个样子真让我感到心痛。你人长得漂亮，根本不需要打扮。再说，人，关键是心灵美。你聪明伶俐，长大应该很有出息的。我想问你，你是否想过长大干什么？""没有！"她淡淡地回道。"这不行！人，一定要有理想，俗话说，'人无远虑，必有近忧'，人一旦没有了理想，就和无头的苍蝇一样，只能到处盲目乱飞……"

她听了我的话，想了一想说，她长大后想跳舞。我很高兴地告诉她："这很适合你，因为你长得漂亮，身材好，更重要的是跳舞可以培养一个人的气质。"我话题一转，接着说，"想跳舞是好事，但是想成为舞蹈演员，首先要好好读书，如果有条件，可以参加县城里的舞蹈班训练，将来考舞蹈学院。"然后我问她五年级时为什么会变成那样。她直言不讳地说："我不喜欢刘老师，她整天就只知道吼我们，从来不像你这样和我们聊天，讲道理。其实我喜欢听好话。"

最后，我提醒她，为了实现自己的理想，让我们一起努力。

从那以后，她像变了个人似的。同事都说她到了六年级，非常听话。原来教她的小刘也说："陈老师，还是你厉害！我原来不管怎么说，她就是不听。你是怎么改变她的？"我只说了一句话：孩子都喜欢听好话。

难教的孩子就如一把不容易打开的锁，但只要找对了钥匙，都是可以打开的。对于她，我只是帮她开启了一扇通往梦想的大门。

> 大禹治水，给我们提供了解决学生问题的好思路。一旦学生身上出现了问题，光靠堵是行不通的，唯一的办法就是疏。学生犯错，很正常，关键是老师如何教育，如何引导。方法不对，学生自然不会接受，问题自然不会得到解决。爱美，很正常，但是也需要引导学生认识什么是真正的美。如何帮助学生提升美的内涵，这才是我们需要帮助学生厘清的。
>
> 借助梦想，帮助学生打开一扇通往梦想的大门，让学生感受到梦想在向她招手，很容易就能把学生引到了正常的学习轨道上。
>
> （陈　娥　湖北省宜昌市远安县南门小学）

点点思雨

做优秀的"女汉子"

加入学生创建的QQ群之后我发现,好家伙,女生的昵称前都加上"女汉子"三个字。班级中要是真有几十个"女汉子"那才是幸福的事呢。但有些女生也许是受这昵称的影响,行为变得另类,甚至有些粗鲁、不文明。

为了让她们了解什么才是真正的"女汉子",如何成为受欢迎的"女汉子",便有了下面的微班会:

我直接开门见山:"'女汉子'们,关于'女汉子'我有话要说。"看着她们疑惑的表情,我说:"我比较喜欢'女汉子'的。"她们欢呼。

我给她们读我准备好的一段话:"'女汉子'是神马?答:生是女儿身,饭量大如山,下厨产砒霜。行李自己扛,从来不化妆。神经超大条,粗如水缸状。身边无男友,基友一大帮。尼玛口头挂,卧槽是日常。"

"女汉子"们先是哈哈大笑,然后低头脸红。我对她们说:"刚才这段话可是有些人的真实写照啊。"我让她们讨论一下,"女汉子"不应该有上面提到的哪些行为。讨论后,她们说语言粗鲁无礼着实不应该。

我接着跟她们分享:女汉子,是指内心强大、个性坚强的一类女性。形容女性可能大大咧咧,个性豪爽,不拘小节,不怕吃苦,自力更生,不爱依赖他人,不喜欢求助,不太注重在别人眼中的形象。

她们感觉以上对"女汉子"的解释真是好,都是赞扬的词语。我说:"本来就是嘛,'女汉子'就应该是这样子的,你们愿意成为这样的'女汉子'吗?"她们回答说:"愿意!"我鼓励她们道:"是啊,个性豪爽,不拘小节,但礼貌有加,自信自强,老师希望班级有更多这样的'女汉子'哦。"

看到她们点头同意我说的话,我给她们看了一张照片:男生眼中的"女汉子"。

照片中间是一个女孩子,标题是——男生眼中的"女汉子",四周有注释:外表干净利落,不化浓妆。思维活跃,神经大条。肤色健康,总是开怀大笑。心胸宽阔,不记仇。勇敢,喜欢户外运动。可以自己换灯泡,修自行车。

这是东北师大贴吧里的一条神帖,此帖一出,引得众人跟帖,不少女生自称就是"女汉子",还有不少男生嚷着"喜欢'女汉子'""希望找一个'女汉子'做女朋友"。

看来这样的"女汉子"是非常受人欢迎的。班级的"女汉子"们激烈地讨论起来,决定要做好"女汉子",做有优秀特点的"女汉子"。

我最后总结道:"大家都明白应该做一个什么样的'女汉子',女孩子自称'女汉子'说明你们希望独立,不想随波逐流,能够这样自称的女生,其实是心理健康的表现。但不能一味以'女汉子'自居,如果为了当'女汉子'而丢失了女性的特点就不可取了。女性本身的优点,如温柔、体贴、善良、内敛、含蓄、踏实、细心等等,不能因为当'女汉子'而被舍弃。"

中国重男轻女的思想到现在还很严重,在家庭里男孩子更受欢迎,班级中的许多女生就跟我反映过自己在家没有弟弟受重视,所以班主任要给予女孩子更多的关注与关爱。班级中女生想做"女汉子",说明她们渴望独立自主,不喜欢被约束,她们有这样的想法,班主任应该给予更多的鼓励,不能因此而批评讽刺她们。女生希望成为"女汉子",这也可能是她们渴望被关注被重视的心理表现,班主任应该给予她们正确的指导与帮助,这是对她们进行教育的契机。

(刘　强　河南省济源市第一中学)

第二辑
关注青春期，搭起青春绿色屏障

* 面对生理期的到来，绝大多数的女孩子表现得紧张、惶恐，甚至产生厌恶之情。帮助女孩子顺利地进入青春期，调整心态，学会欣赏自己，悦纳自己，教师的引导至关重要。

* 当女孩子们与这个第一次不期而遇时，当她们面对这个第一次毫无心理准备时，我们老师啊，一定要用睿智与爱心、微笑与帮助，以积极乐观的态度，保护好她们脆弱的心灵，呵护她们敏感的神经，鼓励她们勇敢地面对，悉心关注她们的成长。

女孩，绽放！

记得有一天，一位同事讲到她班已经有女生来例假了。同事的话一下子提醒了我，我还没有到女生中了解过此事呢。按以往的惯例，我要到六年级时才会给孩子们作关于青春期教育的讲座。现在，她们才刚刚升入五年级。同事说："现在的孩子都发育得早，不信你去问问，说不定已经有一批孩子进入青春期了呢。"

晚上，趁着去宿舍巡视，我走进了女生宿舍。女孩子们闹得正欢，笑得正欢，脸蛋红扑扑的，像朵朵绽放的花儿一般。

见我走进去，她们嘻嘻哈哈，毫不避讳。看着她们天真无邪，一副小毛丫头的样子，我迟疑着该不该问。

寒暄了几句之后，我切入了正题。因害怕她们有这样那样的顾虑与羞涩，我小心翼翼地试探着。没想到，我的"小心翼翼"让她们哑然失笑。小唐竟大笑着对我说："钱老师，你干吗那么羞涩呀！你不就是想问我们'大姨妈'的事情吗？"我惊讶于她的落落大方，她却很自然地"噗嗤"一笑："我早就知道了，我妈妈不是每个月都要来例假的吗？"再看其他几个女孩子，她们也都嘻嘻哈哈的，互相揭着各自的小秘密。

我一下子释然了，原本想着她们会羞答答的，觉得难以启齿，甚至觉得羞于见人，没想到一个个大大方方的，我感到非常欣慰。

我祝贺她们成长了，并告诉她们，一个女孩子的成长就如一朵花儿的绽放。来例假，就意味着第一片花瓣开始舒展了，这是多么美好的一件事情啊！但说归说，还是有女孩子会感到害怕和不适应。

有一天一下课，就有一个女孩子急匆匆地跑进我的办公室，她慌慌张张，面红耳赤，极其难堪地对着我："钱老师，你有没有那个东东？"怕我听不懂，她一边说一边打着手势，我点头示意。就在我俯身将装有卫生巾的漂亮小包递给她时，她忽然恨恨地冒出一句："该死的！又来了！"我忽然意识到，青春期的教育是如此重要，这一课不能忽视！

于是，我搜集了相关的资料，制作了精美的PPT——《我骄傲，我是女生！》。

班会课上，我将所有的女孩子召集在一起，专门进行青春期的教育。什么是青春期，青春期的生理发育，青春期的卫生保健，青春期的心理变化，青春期的异性交往……随着我的一一讲述，仿佛一层层神秘的面纱被揭开。教室里一片静默，女孩子们的表情由一开始的懵懂、好奇、羞涩，慢慢变得轻松、坦然、释怀，甚至生出几许喜悦自豪。讲到心领神会处，孩子们不约而同地相视而笑。讲座的最后，我说："所有的女孩子都要记着，我是一朵花，我要绽放属于我的美丽！"

这天，我刚走到操场上。站在出操队伍中的小严就急匆匆地跑到我跟前，对着我耳语："钱老师，我来例假了！"我大喜，一把抱住了她，说："真的？太好了！小严，祝贺你成长！花儿要绽放啦！"

"谢谢钱老师！"听着我的话，小严喜滋滋地回到了队伍里。

当晚，我读到了她的日记。在日记中，她写道："今天我来例假了，内心不免有些惶恐。但钱老师热烈地拥抱了我，并笑着祝贺我长大了。好朋友们知道了，也纷纷前来祝贺我……在此，我想对我们班所有的女孩子们说，来例假可千万不要恐惧害怕哦，因为我们像花儿一般——要绽放啦！"

> 面对生理期的到来，绝大多数的女孩子表现得紧张、惶恐，甚至产生厌恶之情。帮助女孩子顺利地进入青春期，调整心态，学会欣赏自己，悦纳自己，教师的引导至关重要。这种引导，不仅包括生理知识方面的传授，更包括心理变化上的疏导。"女孩，绽放！"消除了女孩子们对于青春期的疑虑和恐惧，唤起了女孩子们的自信心和自豪感，更传递给她们积极向上的心理暗示。
>
> （钱碧玉　江苏省锡山高级中学实验学校）

当女生面临第一次的囧事时

看着照片里她一脸灿烂的笑容，我也情不自禁地笑了。

合上相册，我的记忆之门被打开。

那是2007年的夏天，我和孩子们一同参加了濮阳市举办的暑期夏令营活动。我们兴奋地坐在大连海洋馆海狮表演的看台上，观众们彻底被两只萌萌的小海狮折服了，欢呼声、掌声……一浪高过一浪。当表演结束，我们准备随着海浪般的人潮退出表演馆时，令人不解的一幕出现了。

"哎！走啦！""怎么还不起身，下一波观众要进场了！"孩子们不耐烦地催促着她，可她一脸的忸怩，一脸的绯红，手脚都不知往哪儿搁了。"怎么？尿裤子了？"一个小男生坏坏地挖苦道。"哇——"她爆发似的号啕大哭起来，吓得那个男生夺路而逃。我见势不妙，赶忙请导游把其他学生先带出去。

她望着我，泪眼婆娑地指指自己坐着的蓝色座椅，天哪！一摊血迹顿时映入我的眼帘，我傻愣了片刻，猛然醒悟过来——女孩子的生理期，我笑着说："没关系，我这儿备有卫生巾。"她茫然地看着我，不知如何是好。啊！我又一次反应过来，这是她的第一次。望着这个只有11岁大的女孩子，我也不知该怎么解释好（我有一个15岁大的儿子）。

她泪汪汪地死死拉着我的胳膊，好像拽着根救命稻草。我把她扶起来，解下身上的防晒衫系在她的腰间，麻利地处理了那摊血迹，拉着她走出表演馆，来到卫生间，帮着孩子处理她走入青春期的第一件大事。

她怯怯地问："老师，我怎么了？"我微笑地望着这个一米六几的大女孩说："没什么，你长大了，老师恭喜你！你很健康，每一个女孩子都会经历这件事的,你应该感到高兴。这要是在国外,还要专门办一个 party 来庆祝呢!""真的吗?"她紧锁的眉头展开了,"您的意思是——这是我长大的标志?"没高兴一会儿,她又沮丧起来:"为什么别的女孩子没有?她们会笑话我的。""她们会羡慕你,你由一个小女孩变成了一个漂亮的少女,你比她们成熟了。"我将一些卫生用品放进她的随身小包里,拉着她走回队伍,其他小姑娘好奇地围过来,问东问西,她只红着脸不作声。

晚上,她执意要和我睡在一起,我向她讲述了自己第一次的囧事,如何央求妈妈不当女孩子,非得当男孩啦,如何生气不吃饭啦……她乐得咯咯直笑,很快甜甜地睡着了。

在接下来的日子里,她从容地面对生理期,虽然很稚拙,但她已不再害怕;虽然还很害羞,但笑容中却透着少许的得意。

女孩儿的第一次何其多,但她的第一次,让我扮演了一个女孩子妈妈的角色,成功且快乐地帮她度过了一个心理危险期。想想,是给女孩子们上一堂生理卫生课的时间啦!

> 人的一生要遇到多少个第一次,恐怕没有人统计过,但敏感的女孩子们却始终会记得生理期的第一次。当女孩子们与这个第一次不期而遇时,当她们面对这个第一次毫无心理准备时,我们老师啊,一定要用睿智与爱心、微笑与帮助,以积极乐观的态度,保护好她们脆弱的心灵,呵护她们敏感的神经,鼓励她们勇敢地面对,悉心关注她们的成长。做老师的要有意识地帮孩子度过心理危险期,在该给女孩子们单独上一节属于她们的生理课时千万不要耽搁。
>
> (江玉荣　河南省濮阳市油田第四小学)

男老师遭遇女生初潮

外出培训一周，刚进办公室，就听到他满腹的牢骚："现在的女生成熟得太快了，才五年级……"我抬头一看，是新分来的李老师，只见他一副无可奈何的样子。看他那样子分明是男教师遭遇女生初潮。我感到好笑，可转念一想，自己曾经不是也怕遭遇女生初潮吗？于是我把自己的经历告诉他，希望他能有所启发。

那天，在进行《卖火柴的小女孩》的教学时，我和孩子们正沉浸在卖火柴的小女孩的悲惨命运中，教室里静得连微风吹动树叶的声音都听得清清楚楚。突然小雪尖叫着哭起来，把大家从课文拉到现实生活中来。

小雪是个苦命的孩子，出生才半年，妈妈就跟别的男人跑了。为了生活，爸爸从此外出打工，只有她和爷爷相依为命。难道课文勾起了小雪痛苦的回忆？我走到她身边，正准备安慰她，不料她的同桌却向她坐的凳子处努了努嘴。我定睛一看，血正从板凳边缘渗出。

"老师，我得了什么病？流了这么多血？"小雪恐惧地说，眼泪不停地往下流。

女生不停地给小雪使脸色，让她不要声张。个别调皮的男生挤眉弄眼，不怀好意地笑。小雪却仍然沉浸在她的悲伤中："老师，我是不是要死了？"

作为男老师，我一直回避这个问题。当它真实地出现在我面前时，我真的不知所措，但当务之急是为女生补上青春期教育课。

"小雪，你没有病，你很健康。"看她诧异地望着我，我激动地说："老师恭喜你！"

小雪更是丈二和尚摸不着头脑，她忘记了哭泣。

"孩子们，女孩子长大后，每个月都有那么几天会有少量出血，这种现象叫月经。月经的出现，是女生成熟的标志，是一件值得庆祝的事情，很多地方在女孩初潮（第一次月经）时，会举行盛大的欢庆活动。"我问道，"你们说我该不该恭喜小雪？"

"该，该，该。"同学们异口同声地回答。

"那让我们用热烈的掌声祝贺小雪的成长。"

在热烈的掌声中，小雪笑靥如花。

"月经疼不疼？"小林率先提出问题，女生听到这个问题，一下子紧张起来，眼睛死死地盯着我，生怕漏掉一个字。

"这个问题问得非常好。其实女生的月经就像一天吃三顿饭那么平常，没有什么值得大惊小怪的，正常情况下不会疼。小雪，是不是？"

"是。"小雪骄傲地回答。

"虽然月经不疼，但在月经期间，女生的抵抗能力会降低，所以女生要忌生冷食品，少参加重体力劳动。"

"我看到妈妈买卫生巾，卫生巾像创可贴一样可以止血吗？"小林问出了许多孩子心中的疑惑。

"月经是正常的生理现象，不需要止血。卫生巾垫到内裤上，是为了让流出来的血不弄到衣服、板凳上。如果不小心弄到衣物上，就需及时换下；如果弄到板凳上，擦掉就可以了。"

"谢谢你，我知道该怎么处理了。"听完我的讲述后，李老师的脸阴转晴，露出了微笑。

点点思雨

社会飞速发展，人们的物质生活水平得到极大的提高，因此学生的青春期普遍提前，怎样给小学生进行必要的青春期教育，是小学教师不可回避的问题。遮遮掩掩，反而会出现掩耳盗铃的后果；含糊其辞，会把简单的事情变复杂；夸大其词，会增加学生的恐惧感。在课堂上，作为男老师的我在遭遇女生初潮时没有回避，而是想方设法消除成长中的女生对月经的畏惧感和羞涩感。

（徐　峰　四川省江油市太平三小）

不妨用"柔术"来疏导女生

青春期的女生,多半心思细腻,情感丰富。当女生犯了错,或是思想上有了问题时,我一般不用严肃批评、检讨反思等"刚性"方式来教育她们。相反,用一些独特的"柔术"来感染她们,效果更好。

给她写一封信

尽管表达的是同一个意思,但用写信的方式,女生就容易接受。

小雨的习惯很糟糕,于是我给她留了封信:"小雨,不知你是否意识到了,你现在还有很多学习与生活上的习惯需要矫正,譬如上课铃响了,你还没有拿出课本?你发现了吗?每次上课的时候,老师一般都会引导大家复习一下上节课的知识,何不趁老师还没进教室的时候,温故而知新?那样老师提问,你可以很顺利地回答出。还有你应该学会整理。一是整理好自己的课桌,桌面上要干净、爽目,课桌内的各种书本、资料要分门别类地摆放整齐。而我发现,上课时你的课桌上物品太多。各种笔有十来支,还有订书机、胶带,以及喝水的口杯。你在桌面上堆放了那么多的东西,写作业时'地盘'显得太小。一不小心,桌上的那些物品都会掉在地上。'砰'的一声,像是一颗'原子弹',你的精力也会随之分散。整理的另一层含义是,你要学会记笔记,'好记性比不上烂笔头'嘛。不仅如此,你还要善于整理笔记,这样复习起来就会得心应手。"

很快小雨的课桌便旧貌换新颜了。

给她打一个电话

一个女生寝室纪律很成问题,主要是熄灯后有两个爱讲话的女生喜欢挑起话题。批评过了,总是不能彻底解决问题。

我终于想到了一个法子："电话问寝"。那段日子，我干脆不去查寝了，而是给她们寝室打个电话。我要找的人正是那个最爱讲话的同学。电话中我不提纪律的事，而是与她聊几分钟学习和生活。直到挂电话的时候，我才叮嘱一句："老师也累了，今天就不去看你们了，你们早点睡哟。"

事实证明，我这温柔的一招很管用。

给她作一个示范

班里有个女生很叛逆，在家与父母斗嘴、斗气是家常便饭。如何改变她？"柔术"又派上了用场。

那天我找她聊天，中途我故意拿出手机，说："我忽然想起很长时间没给我妈妈打电话了，我打个电话后再与你继续聊哟。"然后我当着她的面拨通了妈妈的电话。电话里，我旁若无人地说："妈妈，您老了，不要太劳累，过几天我就回去看您……"通话结束，我发现那位女生眼里饱含着泪水。还没等我开口，她就激动地对我说："老师，我听见了你与妈妈的通话。我感觉我好对不起我妈妈，因为我……"

那一刻，我开心地笑了。

教育学生时抓住她们的心理特点很重要。在引导女生思想的过程中，"柔术"之所以起到了事半功倍的作用，是因为这一招很符合女生的心理特征。心思细腻、善良温和、情感丰富、敏感多疑是大多数女生或多或少都具备的特点。我们教育者不妨"对症下药，以柔克柔"。"柔术"说白了，其实就是心理战术，根据女生的心理特点，将德育做到她们的心坎上。让她们在无痕的教育中收获老师的"一缕春风"，她们自然微笑着欣然接受。

（李爱群　湖北省宜昌市金东方学校初中部）

我为舒月上"保险"

高考还没开始,班里一个女生也许就要落榜了,看她郁郁寡欢的样子,大家都为她着急和惋惜。

这个女生名叫舒月,是个音乐生,长相纯美,有一副好嗓子。她在艺考中已获得了五个高校的专业合格证,就看文化课是否过关了。舒月的文化课成绩也不错,可有一个致命的顽疾困扰着她:舒月的后脑垂体先天肥大,压迫神经,使她无法长时间集中注意力;平时上课经常打瞌睡,专注力最多维持20分钟。平常还有热心的老师同学帮帮她,或推一下或说一声来提醒一番,她这才顺利坚持到了今天。

可现在要高考了,在考场上让其他考生时刻提醒她显然不现实。如果到时候她睡着了又无人叫醒她,为大学梦想付出的努力岂不是要付诸东流了吗?不行,不能这样。"谋事在人",我坚信只要努力,一切皆有可能。冷静思考后我先向级部领导作了汇报,又和班委同学合计了一番。最终确定好对策,给舒月上三道"保险"。

首先是自制"清凉醒脑剂"。在校卫生室医务人员的帮助下,我在卫生室的冰箱里面放置了六瓶矿泉水。三天高考半天一瓶,由舒月每科入场前自己来取。开考后舒月如果感觉到困神来袭,就可以用冰镇矿泉水刺激自己的额头、脸颊等部位,以此来保持头脑的清醒。因盛夏高温,为避免矿泉水瓶外部冷凝的水汽湿了试卷,我们还在外面包了一块白毛巾。

其次是让考点主考巧施援手。高考前一天,我拿着舒月的病历找到考点主考,将舒月的特殊情况汇报给他,看他能否在力所能及的范围内给予帮助。他思考再三后最终答应了。经查验,主考确认了舒月所在的考场以及座号,然后在每科考前准备会上通知该场监考教师,要密切注视考生舒月的举动。只要发现她打瞌睡,在不影响其他考生答题的前提下要立刻过去提醒她，确保她能正常答题。

最后是嘱托包场老师勤照应。我找到了包场老师老张，把舒月的特殊情况告诉了他。他听了后也很理解，当即答应只要不违反考场纪律一定会提供帮助。他表示一定会在场外巡视时密切注视舒月在考场内的动向，一旦有意外发生，他会及时通知两位监考教师的。

直到这时我才长舒一口气，剩下的就看舒月自己的造化了。

6月7日上午11点半，第一门语文考试结束了。舒月迈着轻松欢快的步子向我跑来，我们用拥抱来表示庆贺。她就那么甜甜地笑着，傻傻的，纯纯的，什么都不说。我从她眼里读出了自信，读出了成功。

7月初，舒月收到了宜春学院音乐系的本科录取通知书，她成功了。我非常高兴，为她，也为我自己。

> 女生大多心思绵密细微，做事认真；有缺陷的女生更为敏感多变，极易产生自卑心理。虽说"人无完人"，但我坚信"天生我材必有用"。每个女生虽天分不同，但都要走向社会，都有施展才能的机遇和空间。无论何时，我们都不能采取"一刀切"的简单做法。真正的教师都应为每位学生的成人成才保驾护航。只有细心关注女生，发现女生的长处，多鼓励她们，触动其心灵的最温暖之处，促其良好发展，她们才能在未来社会的不同领域中实现自我，走向成功。
>
> （李　波　山东省淄博市桓台二中）

让"穿红皮鞋的女孩"释放出蕴藏的美

老师们常说女生乖巧听话好管理,其实不尽然,一些鬼灵精怪的小女生耍起招数来更让老师头疼。

说来脸红,现在堪称温良贤淑的我上小学时曾有一怪癖——上课时脱鞋。经儿保所诊断,我患上了轻微多动症。那时的我虽然明知这样做不对,但仿佛自己的脚丫和鞋子是不共戴天的仇人,一上课它们就在各位老师犀利的目光下和同学们匪夷所思的笑容中固执地分开了。

预备铃响起,我按照惯例利利索索地脱下鞋子,班里一个淘气的男孩子趁老师还没有进教室,竟然像猴子一样偷偷溜过来,一把将我的红色皮鞋抢走,高高地挂在了教室门框上,顿时同学们哄堂大笑,几个同学大声喊:"多动症!多动症!"望着那被高高悬挂的鲜红的皮鞋,我的脸涨得像个紫茄子,额头汗津津的,手脚冰凉,心中一个声音迫切地狂呼:谁来帮帮我!求助的目光游离在每一张狂笑的脸上,那些脸仿佛有种可怕的力量,将我掷向可怕的深渊。

就在我满面泪痕、万念俱灰之时,班主任王辉老师进入了教室。她用严厉的目光制止了笑声,迅速伸手将刺眼的红皮鞋从门框上取下来,面带微笑地送到我面前,轻轻帮我擦去眼泪,对我说,也貌似是对大家说:"李璟的红皮鞋真漂亮,是不是里面有沙子,穿着不舒服,所以脱掉了?老师帮你清理一下就好了。"说着,她当着大家的面煞有介事地抖抖鞋子,然后蹲下身子,将鞋子轻轻套在我的脚上。她用力搂了一下我的肩膀,环视大家,说:"我的学生都是最健康、最可爱的孩子,尤其是穿红皮鞋的女孩子又漂亮又端庄!好了,我们开始上课!"说罢,再次用力搂了搂我的肩膀,然后稳步走回讲台。

"尤其是穿红皮鞋的女孩子又漂亮又端庄!"这句话像金色的阳

光照亮我心灵的每个角落,这份尊重与鼓励将自尊自信深深植入我这个"顽劣"小女生的心底,我还是那个我,却仿若重生。从那一天起,我这个穿红皮鞋的"问题女孩"努力克制自己的小动作,积极配合医生的治疗,终于成功告别了"多动症"。

时过境迁,王辉老师早已两鬓斑白,退休在家颐养天年,我也成为了一位小学教师。她可能忘记了当年那个曾经爱脱鞋的小丫头,但她给予我的教育与疏导让我受益终身,她的教育理念也被我深深融入我的教育教学工作中。

在与学生们的朝夕相处中,我感受到相对于教育大大咧咧的男生,对心思细腻的女生的教育与疏导难度更大。女生的自尊心是最敏感的角落,保护女生的自尊心,就是保护她们如花儿般绽放的潜在力量。我们应将尊重、理解、鼓励放在对女生教育工作的首位,以心交心,以情换情,静听花开的声音。

女孩是天生细腻而又敏感的,当她们还在摇篮里时,就会因看到母亲温柔的笑颜而停止哭泣,转而用笑声和挥动的手脚来向世界宣告,她们因得到理解和安慰而兴奋。如果说男孩子像一条河,那么女孩子就像一口井,让人难以捉摸。特别是和幼时的我一样的"问题女孩"更需要理解尊重,因为这些花只有在理解、尊重、鼓励的滋润下才会悄然绽放……

(李　璟　天津市南开区长治里小学)

让阳光永驻孩子的心田

六年前,我接的班里有一个女生,总是喜欢把左手藏在衣袖里,只有在写字的时候才拿出来。有一回,我趁着她专心写字时,走到她身边看了一下她的手:那是一只只有五六岁孩童大小的手,从小拇指到食指的四个手指全粘在一起,而且中指到小拇指的手指只长了一节,只有食指往上长了一个关节,但是也很短。她察觉到我在看她的手,飞快地把左手伸进抽屉,低头装作在找东西的样子,直到我离开她的座位,她才把手拿出来接着往下写。

一周之后,我看到了她写给我的周记,她在周记里恳求我答应她做操的时候能在教室里做,她保证一定会认认真真地做,并愿意接受我随时随地的检查。我很想答应她,但是想到她不会永远都在我的班里,就觉得真正应该做的,是帮助她从心底里接纳自己左手残缺的现实,坦然地生活在阳光下。

周五,听写本作业没改,在第三堂课上,我说想请一位做事情最认真的人去帮我改。我用目光搜寻了一圈,点了她的名字。在和她一起去办公室的路上,我有意走在她的左边,握住了她的左手,她轻轻地挣扎了一下,之后就乖乖地任由我握着了。

返回教室,我给大家读了她的周记,我说:"我们是她除了她父母之外最亲近的人,我们一起生活了五年,她还是惧怕我们的眼神。这是我们需要思考的!所幸的是,我们还有一年的时间来弥补我们以前忽略的东西。要记住,她最需要的不是我们的同情和怜悯,而是我们的尊重,把她当普通人看待的尊重。"

我要求班上的同学在双休日里尝试以她的状态去生活,并且把自己的感受写下来。到了周一,我发现同学们的周记里面都写了自己这两天生活的不方便,并且都对她表达了自己的敬意,说自己这样生活两天都如此不容易，而她却这样生活了十几年，学习生活样样不输给大家。我把大家的周记给她看，并告诉她，在同学和老师的眼中，她是一个了不起的勇者！

我鼓动班里的女同学拉她一起玩那些需要手拉手的游戏。我还调整了班里"大声读给学生听"时间段里的阅读内容，给大家读《用隐形的翅膀飞翔》《张海迪的故事》等。我说，只有灵魂不健全的人才是真正的残疾人，只要你有一颗坚强执著、乐观向上的灵魂，哪怕是身体上有些小缺陷，也是一个健全的值得大家尊敬的人。当我盯着她的眼睛说着这些话的时候，我发现她的眼睛里有泪光在闪烁。

我知道，我把阳光种进了她的心里。

她后来成了我们班的领操员，毕业之后升了初中，第一年她就因为乐观勤奋被评为"感动学校十大人物"，她在信中对我说："老师，您知道吗，现在您是我的骄傲，但我相信总有一天，我会成为您的骄傲！"其实，她早已经是我的骄傲了！

> 教师要让自己成为孩子们心中一盏明亮的永不熄灭的灯！在孩子累了、痛了、失落了、迷茫了，需要倾诉和帮助的时候，他们就能找到身边不离不弃微笑着的身影。
>
> 教师更应该在每一个孩子的心中点上一盏明亮的永不熄灭的灯！责任是屹立不倒的灯台，自信是取之不竭的燃料，勇敢是百折不回的灯芯，乐观是永远向上的火苗。让孩子们在自己的人生旅途中，迎着风雨，不会张皇，踏着坎坷，不觉孤苦，阳光开朗，坚毅顽强，努力做最好的自己！
>
> 点点思雨
>
> （应　燕　浙江省台州市仙居县第一小学）

巧借美文，妙解心结

"每当看到女孩子的马尾辫甩起来的时候，我特别羡慕。我也是一个女孩子，从小到大都是留着短发，我多想也扎个马尾辫。可是，我不能……"看到小云的周记《我的苦恼》中的这段话，我疑惑不已。这学期才转来的小云，总留着短发，平时话比较少，是一个文静的女孩子。

习作讲评前，我找来小云："你的周记叙述清楚，语句通顺，写得很有真情实感。但老师有一点不明白，你的头发有点长，想扎马尾辫就扎啊，有什么让你苦恼的。你说给老师听听，或许我可以帮你。"

小云抿着嘴，低着头，手不停地扭着。看样子，她很紧张。

过后，我打电话给她的家长，才得知小云天生右耳残缺，只有一个小小的耳廓。为了遮住这个残缺，就一直让她留短发。原来如此！

正好我前几天看到一篇美文《天使的吻痕》，文中的年轻人和小云一样天生有残缺——他脸上有一块巨大而丑陋的胎记。可他并不因此而自卑，因为他深信那是上帝给了他特殊的才能，是天使给他做的一个记号，让他有自信，积极地面对生活。

我找来小云，对她说："小云，扎上马尾辫的你一定很美。要想美，就要勇于挑战自己。老师这里有一篇文章，你拿回去读读，希望在周四晨读时你能朗读它。"

我把《天使的吻痕》给了小云后，心里也没底：她是会保留自己的隐私，还是会挑战一下自己呢？想来想去，《苏珊的帽子》这篇美文浮现在我的脑海中。文章主要讲苏珊因为做化疗，失去了一头美丽的金发，班上的老师得知后，以研究帽子为名，安排全班的同学戴着帽子来上学，从而避免了尴尬，使苏珊在互相尊重的环境中愉快地生活。这篇文章非常适合读给班里其他同学听，能够让他们理解小云，维护她的自尊。

周四晨读时，小云走上讲台，只迟疑了一下，便朗读起《天使的吻痕》来，越读到后面声音越响亮，语气也越坚定。同学们受到她的感染，对文中的年轻人啧啧称赞。

等小云读完，我说："今天老师也要为大家朗读一篇美文——《苏珊的帽子》。"读完后，我说："我们班也有一位上帝的宠儿，她也被天使吻过。她很想扎马尾辫，大家支持她吗？""支持！""她就是天使吻过的小云。"小云撩起右边的头发，只听见同学们大声喊起来："马尾辫，扎起来！马尾辫，扎起来！"

周五下早自习后，马尾辫扎得高高的小云跑到我跟前问："老师，我美吗？""美，真美！"我由衷地赞美道。再看她，欢快地跑去和一群女生玩转圈的游戏，她们甩起的马尾辫，真是一道迷人靓丽的风景线！

> 我喜欢读书，常常留意一些对教育教学有帮助的文章。学生犹如一棵棵幼苗，就看老师给他们浇什么样的水，施什么样的肥，了解他们的需要，才能收到事半功倍的效果。小云是一个外表文静、内心活泼的孩子，她想解放自己，却又有些害怕。我了解情况后，通过美文引路，争得同学支持，让她挑战自我，解开了心结，勇敢积极地面对生活。
>
> （张晓艳　湖北省武汉市东西湖区吴家山三小）

女孩，共享青春绽放的美妙

青春期悄悄来临，不可抑制的悸动在小学高年级女孩们的生活里有意无意地显露出来。于是，"开启青春密码"成了我引导女孩的"必修活动"，而"青春自护队"逐渐成为这一阶段的女生坦然面对青春期来临、学习自我保护技能的代名词。

一、指导"青春自护队"，保证活动有效开展

首先以"自护意愿类似"原则组建小队。其次培养得力的"队长"，协调小队活动。接着聘请心理专业或者生物学专业的老师或者家长担任小队的指导老师，以期使学生获得专业的帮助和指导。另外，引导学生以图文并茂等多元形式展示成果。

二、根据不同主题，采取不同策略指导活动开展

1.阅览专业书籍，互动分享中学会生理自护。

先推荐专业书籍，如《身体的秘密——青春期女孩使用手册》《妈妈送给青春期女儿的书大全集》等。

接着引导小队内成员互助合作，针对共同感兴趣的问题，梳理相应的自护策略。于是，《美少女的蜕变》《护胸行动开始啦！》《经期的那些密招》《战痘秘方搜寻》等小课题成果相继出炉。

之后，组织女孩们以生理某一方面"专业自护导师"的身份，向同龄人宣讲小队梳理的成果。

2.访谈专业人士，情景模拟中学会心理自护。

我对心理咨询过程中学生较为集中出现的青春期心理方面的典型问题进行梳理，大致将之归类为"青春期综合症""青春外貌困惑""羞涩青春恋""青春小叛逆""青春交往症"等，然后让学生按队认领"典

型问题"，通过访谈心理学方面的专业人士获得相关的心理自护策略，最后小队结合典型的案例，在班级中进行情景模拟，让大家以"当事人""旁观者""指导者"的身份参与其中，体会事件中主人公的喜怒哀乐，评判当事人行为的恰当与否，给予一些合理的建议。

3. 打造"微型课堂"，无形渗透中学会交往自护。

我将相关教育融合到班主任所担任的课程中，充分发挥学科教师的优势，引导"青春自护队"在班队、品德等课上形成交往自护的"微课"，课堂上采用大家较为喜闻乐见的游戏、讨论、辩论等教学方式，激发学生的参与积极性，从而让学生在活跃的课堂氛围里快乐地习得青春自护的一些知识、技能，让学生在同伴、学科交互式活动中，润泽悄然成长的心灵。

"嘿嘿嘿，青春期，我来了！从当初的害羞到现在的豁然开朗、坦然接受。你是一朵含苞欲放的花朵，既美丽又神秘……"从青春诗集中，我感受到了女孩们有了迎接青春期到来的充分准备，消除了青春期到来前的那份羞涩、害怕和忐忑。

点点思雨

根据我的调查课题显示，小学高年级女生100%会出现青春期的征兆——或身高体重急剧上升，或嗓音变细，或长青春痘等。家长与学生对"青春自护"有了解的需求，都期待学校教育可以帮助学生顺利度过"心理断乳期"。因此，组织小学高年级学生开展相关的"青春自护"活动势在必行。孩子们翻阅书籍，采访咨询专业人士，在"微课"上讨论、模拟……这打破了传统讲座灌输的形式，一种分享共同成长的美妙将青春期的那份尴尬化解于无形之中。

（李春梅　浙江省嘉兴市实验小学）

"我是女孩，我自爱"

心怡是个很有灵性的女孩，有着姣好的容貌，曼妙的身材，在舞蹈方面极具天赋。我甚至可以预见，这孩子以后完全可以凭借着这份天资养家糊口。

只是，孩子父母对孩子的特长过度关注而忽略了孩子其他方面的成长，因此心怡在某些方面便步入了误区。

"妞，你是我的。""爷，我是你的。"你相信这是六年级孩子的个性签名吗？孩子们向我反映，心怡经常和另一个班的男孩子在QQ上你来我往。

我还未采取任何行动，这天上课，有学生向我举报，心怡没听课，却一直在本子上写着什么。看着我走过去，她慌忙要将本子藏起，我用眼神暗示她赶紧交给我。扫视两眼，上面全是一些淫秽之词。尽管我的内心很震惊，却还是不动声色地对她更是对全班孩子说："上课写什么小说，想创作是件好事，可也不能影响上课啊。好了，下课到我办公室来，我们来聊一聊你写的小说。"

下课后，她乖乖地来了，考虑到办公室人多嘴杂，我把她带到僻静处。

"跟我说说吧，怎么会写出那样的话来？"

沉默良久，她终于开口了："谢谢老师没有当堂给我难堪。我是从碟子上看来的。"

"嗯，老师也猜出来了。你是在哪看的碟了？""家里。"

"家里？和谁？""表哥。"

"表哥？！"我心里吃了一惊，却故作平静，"他没怎样你吧？""没。"

"你确定？这事可不要瞒着老师，老师会帮你的。""确定。"

看着孩子坚定的眼神，我这才松了一口气。

从孩子口中获悉，碟子是她父母的。心怡的父母生活太随意，将少儿不宜的影碟随意乱放，毫不防备自家已渐渐长大的女儿。一天，心怡就趁其父母不在家和她的表哥一起看了起来。我看到了心怡事后写的那篇日记，她居然把那种生理反应都写出来了。若任其发展，这孩子迟早会成为一朵早凋的花，甚至步入歧途。

第一时间，我背着她跟她母亲通了电话，请家长以后一定注意自己的言行，避免类似事件再次发生，同时悄悄叮嘱孩子，有什么问题可以随时联系我。稍后的一堂体育课，我将全班女生留了下来。我给她们上了一堂"女生，让我们好好爱自己"的主题班会课，从"青春期，我不慌；了解我自己；我是女孩，我自爱"等几个方面给全班女孩普及了青春期知识。最后，我整理了自己的青春期小故事，给她们讲述我的情感、理智与纠结，以及现在的感慨。在这个过程中，我的目光多次与心怡相遇，我看到了她眼里最初的犹疑、不安和后来的轻松。

与心怡再次谈话，她的眼神清澈了许多，她已明白我是真心在帮她。"老师，听了您的故事，我知道该怎么做了，谢谢您！"

由于经济条件的改善，即便是小学生，也已有部分孩子提前步入了青春期，可很多家长的思维却未跟进，总以为孩子还小，不懂事。要么只是关注孩子的学习，要么只关注孩子的特长发展，很少有家长关注孩子的生理也在悄悄发生着变化。缺乏有效疏导，青春期的孩子往往会无所适从，或者由于好奇而做出一些不当的举动来。

作为教师，对于学生家庭在某些方面角色的缺位，我们需要来补位，肩负起既教书又育人的责任。不仅要教给孩子知识，更要引导孩子健康成长。

（纪继兰　安徽省怀宁县独秀小学）

让孩子的情绪通过短信私密地宣泄

2009年10月24日,学生婧给正在北京市区学习的我打电话,想请假回家。

通常我总会问问孩子回家的原因,但这次,我毫不犹豫地同意了她的请假要求。

"您怎么都不问问我为什么要请假回家呢?"婧一到家,就马上给我发来了这样一条短信。

"我觉得没有必要啊。"

"呵呵,那您还挺相信我!"

"我本来就很相信我的学生啊,更何况你都跟李老师(我班的英语老师)打电话了啊。"

"这几天我想了好多。我认识他,也了解他,因为……因为他真的是个好人,善良,开朗,热心。知道了他跳楼的消息以后,我哭了一整天,我妈妈本来要接我回家的,可是我拒绝了,我觉得大家能帮我度过这几天难熬的日子。可是我却一直没怎么睡觉,不是因为害怕,而是因为总想着以前发生过的事。我甚至希望这个世界上有鬼,希望能在夜里等到他来告诉我这一切都是为什么:为什么他就那么狠心地从楼上跳了下去,难道他就不想想我们这些好朋友,想想他的亲人?可能是因为情绪太不稳定,这几天我一直胃疼恶心,发低烧,再加上失眠,我决定今天晚上回家。事情已经过去了,再不能接受的也要慢慢接受,生命实在是太宝贵,也太脆弱了,我们要好好活着,珍惜身边的每一个人……"

看着这么长的短信,看着字里行间学生对我的那份信任,我觉得上个星期针对那个班孩子跳楼这一突发事件及时开的主题班会有了一些效果。婧和那个孩子高一、高二时在同一个班,并且关系一直不错，显然她还没有从那次事件中完全走出来。于是我也赶紧给她发过去一条长长的短信："感谢你这么信任我，你不说我根本不知道这些。我上星期四给大家读《蔚蓝色的彼岸》，那本书中的那些话就是希望大家珍惜自己。尽管我不认识他，至少我现在还不知道他是谁，但是我非常难受，何况和他是好朋友的你啊！我只是从网上感觉到他曾是三班的，曾经是你的同学，为他可惜。我QQ状态签名之所以改为'有些事情不是说过去就能过去的'，实际上很大程度上就是因为这件事情。但我们还活着，我们还有很多事情要做，我们更要珍惜自己，我相信你！"

"您放心，我们都会好好珍惜自己的，他怎么那么傻啊，我希望他在那边一切都好！"

"那我们就一起祝福他好好地去那'蔚蓝色的彼岸'吧。他那么爱家人、爱朋友，一定希望家人、朋友都好好的，都快快乐乐的，我相信一定是这样的！"

"嗯，谢谢您！"

也许这件事情不会这么快就过去，但是作为班主任，我认认真真地通过短信去倾听了学生的感受，让孩子的情绪通过短信有了一条私密的宣泄途径，这难道不是短信的教育力量吗？

> 信任，或许这应该是一个班主任首要的素质，即你不仅要获得学生的信任，还应该有发自内心的对学生的信任，前者建立在你日常的积累上，后者则取决于你对学生的了解与把握。有了信任作为基础，师生之间才有了这样的短信交流，而这样的交流因其私密性而更有针对性，也更富有真情。人心换人心，真情换真情。你只有在平时的教育中付出了真情，才会获得学生由衷的信任，否则，怎么会有学生主动地和你进行短信交流？
>
> （全　斌　中央民族大学附属中学）

爱心呵护早开花

云云是一个留守女孩,特殊的环境锻炼了她各方面的能力。她阳光、果敢、干练,在同学们当中有很高的威望。

可是慢慢地我发觉进入八年级的她发生了变化。

昔日那个阳光、活泼、洒脱的女孩开始有了心事。课堂上看不到她高高举起的小手,课下也很难见到她灿烂的笑容。她的视线聚集到一个男孩——我们的文体委员的身上。整日心事重重、沉默寡言的云云,让我开始担忧。

云云的生日恰逢我们的休息日,我到蛋糕房定制了一个精美的生日蛋糕,买了排骨和鸡翅走进了她家。

开门的一瞬间,云云愣住了。

"生日快乐,小寿星。"我把蛋糕递到她手中。

我在厨房忙碌,云云为我打下手。

我在心里盘算着怎样打开云云的心结,试着探询道:"云云,今天跟爸妈通话了吗?"

"我才不打呢,今天是我的生日,他们都想不起来给我打电话,一点也不关心我,就知道挣钱,把我一个人撂在家里!"

听着云云的倾诉,我心里一阵难过,轻轻抚摸她稚嫩的肩膀:"傻孩子,可能是你爸妈工作繁忙,他们怎么能不心疼你这块心头肉呢?来,给妈妈打个电话。"我把手机放在了云云手中。她点点头,擦了擦眼泪,走进了自己的卧室。

依稀听到云云撒娇的声音,锅里炖煮的排骨和可乐鸡翅的香味四溢,我纠结的心稍稍舒缓。

云云满脸笑容地跑到厨房:"老师,真被你说中了,爸爸又承包了一个工厂,妈妈也晋升为了主管领导,他们工作很辛苦,妈妈刚下班，正准备给我打电话，他们还给我买了好多生日礼物呢！"听她滔滔不绝地诉说自己的小幸福，我的心里也轻松起来。

"老师，我想跟你说说我的心事……你别笑话我……"我微笑着点点头，轻轻揽过她的肩膀，我们靠在了沙发里。"我……喜欢上了他……"她停了停，羞涩地低下了头，"他对我很关心，虽然他也同样关心其他同学，但我特别喜欢他，可是我不敢对他说，更不敢对任何人诉说，老师，你说我是不是变成坏学生了？"

"傻孩子，青春期对异性表现出好感很正常。老师当年也经历过和你一样的纠结，那时我不敢正视他，只偷偷关注他，我失去了往日阳光的心态，成绩也慢慢下滑。后来我鼓足勇气大胆地与他正常交往，把那种喜欢当作学习的动力，如今那段情感历程，已经成了一段美好的回忆。"

"老师，我懂了，我会调节好我的心态的。"

饭后，我拨通了班里云云的几个好友的电话，其中也有我们的文体委员，让他们陪云云过一个快乐的生日。

云云之所以走入感情误区是因为她缺少关爱，之后每周我都让云云到我家改善生活，真正从生活和学习上关心呵护她。

那个阳光、快乐的云云终于又回来了。

留守孩子缺少父母的关爱，缺少与父母的沟通和交流，青春期的他们更需要老师和家长的呵护与理解，对于这一特殊的群体，我们需要付出更多的爱心。

"早恋"是家长和老师最为担忧的问题，许多家长谈"早恋"色变，其实只要我们理解孩子的内心情感，能够俯下身子与之平等交心，就会让孩子顺利度过青春期。如果极端行事，强行压制，只会适得其反，让孩子更为叛逆，甚至误入歧途。所以不要感情用事，静下心来，用一颗爱心去包容，去理解，一切问题就会迎刃而解。

（孙淑敏　河南省周口市鹿邑县老君台中学）

第三辑
排解苦闷,激发蓬勃的青春活力

* 希望她们懂得:人生的输赢,并不在一时一事。只要人们能够正确地认识自己,把握机会,不断努力,勇敢地面对挑战,那么,一定会创造精彩的人生。

* 青春期是美好的花季,这个季节有阳光也有暴雨。成长中的各种问题对青春期的女孩子来说同样是不可避免的。面对这些问题,教师应该根据这个阶段学生的年龄特点,特别是心理特点,思考相应的教育对策和方法。

优秀的女孩是"宠"出来的

毕业典礼上，本届区状元——李小渊，作为学生代表上台发言，看着她自信、青春、神采飞扬的身影，我的思绪不禁回到了三年前。

李小渊凭借着聪明和勤奋，从来都是班级的佼佼者，念了初中，我想让她担任班级学习委员时，她却红着脸，满头大汗地连声拒绝："我不行，我不行！"看着她几乎要哭了的样子，我妥协了。

在接下来的日子里，我暗暗观察李小渊，想看看这究竟是一个怎样的女孩。慢慢地我发现：她不善与人交流，还没张嘴就脸红；她的成绩很好，却从来不帮助同学，有人找她讲题，她只是把自己的作业拿出来给人看；她不关心集体，班级活动从不参加；对于课堂上老师的提问，她从不回答，总是低着头……我找她谈了几次话，也问不出个所以然来，带着满心的疑问我找到了她小学时的班主任。

原来李小渊来自重组家庭，4岁时父亲带着她，继母带着一个比她小三个月的妹妹生活在了一起，家庭还算和睦。可是这个妹妹异常聪慧，5岁就上了小学，各种比赛获奖无数，琴棋书画都有所长，父母也倾其所有，尽全力培养，听说她很有可能进入中科大的少年班学习。在妹妹巨大的光环下，李小渊显得微不足道，渐渐地连话都很少说了，甚至有点口吃了，说得最多的就是"我不行"……我的心紧紧地揪着，不能让这个女孩还没绽放就枯萎了。

我抓住每个细节，一有机会就在班级里表扬她，鼓励同学们多跟她说话，带着她一起玩。慢慢地我发现她开始帮同学讲题了，偶尔也能在课堂上回答一两个问题了。

我安排她在晨读时领着大家读课文，开始她还是极力拒绝。我语重心长地对她说："你的嗓音很美，我听过你念书，你的声音很有吸引力，跟广播中的一样。如果你参加演讲，我相信你会赢得最多的掌声。"

在我的坚持和同学们的热情鼓舞下，她用蚊子般的声音说"我试试"。

过了几日，学校举办文艺展演，我找到李小渊，问："你能参加演唱吗？"李小渊犹豫着，因为她唱歌总是跑调。我微笑着，没有放弃，"不想唱歌，就去指挥班级合唱吧。我见过你做操的样子，真的很美，你具备准确判断旋律和节奏的能力，让全班同学在你的双手指挥下一起引吭高歌，咱班的大合唱一定会拿大奖。"于是李小渊答应了我。

在我的帮助下，李小渊学会了打拍子和双手指挥。这次文艺展演，班级得了奖，李小渊也得了最佳指挥奖。

更让李小渊想不到的是，她上到初二时，就在一家报纸上发表了习作。我觉得这篇散文写得很美，就让全班同学背诵它。这种待遇对于一名初中生来说，无疑是最高的了。对此，李小渊深受震撼和感动，也清楚这是多么大的肯定和鼓励。一次，在"畅谈理想"的讨论中，李小渊表示以后想当记者，我认真地问她："以后准备去央视，还是凤凰卫视？"李小渊很怀疑地问我："我行吗？"我很肯定地告诉她："你行，你一定行！"我在她的眼中看到了晶晶亮的光芒。

现在，李小渊以优异的成绩考上高中，我相信她会带着我送给她的最珍贵的礼物离开母校，成为一个特别自信、特别阳光、特别开朗的女孩。

作为班主任，应当放下"先生"的架子，自觉地成为欣赏者、宽容者、引导者、商讨者、促进者、合作者、分享者，去发现或者挖掘学生身上的闪光点，进行赞赏，予以放大，多加表扬。要尽量多地赞美学生："你很美很美，尤其是你的眼睛和鼻子，在世界上没有不美的少年，不美的青春"；"你的性格很美，你在默默地执著地挖掘一口属于自己的深井"；"你的文笔很美，如果你愿意，你将来会成为作家"……赞美的语言如和煦春风，吹开学生的心扉；似绵绵春雨，滋润学生的心田。

（何　峥　天津中学）

我对"留守女生"的管理经

对于任何一个班主任来说,"留守女生"是不可回避的话题。我现在带的班内有三个女留守生,家庭情况各有不同,根据她们各自的情况我采取了不同的教育办法。

"电话煲"传递正能量

慧鑫性格和善开通,喜爱学习,独立能力强。她父母常年在济南打工,自己跟着爷爷奶奶生活,生活上没有太大问题。不过,从慧鑫在随笔中流露出的失落还是可以看出她对父母的依恋和渴望的。针对此,我和她父母沟通,希望他们每到周末能给慧鑫打个电话。每次我都是先给慧鑫父母打电话讲讲她近段时间在校的优异表现,有时还把孩子在校的活动照片发给他们。慧鑫父母看后非常兴奋,他们说能高兴好几天呢。我还特别嘱咐慧鑫,女儿是父母的小棉袄,和父母电话交流时要多叮嘱他们注意休息,多汇报自己在校的优异表现。

看得出来,一家人每次交流后,慧鑫的心态都很好,学习状态也比较稳定。

"泡蘑菇"请回女家长

果果性情散漫,自律意识较差,出了校门就管不住自己,时常犯些小错误。摸底后我知道果果临时和姑姑生活在一起,姑姑平时太忙,无法对她严格要求。她父母在临沂开了一家商铺,生意做得很大。我打电话和她父母交流,谈了自己的看法,希望他们能有一人回来照看果果。开始他们不大愿意,怕耽误做生意。我耐心开导:"赚钱自然是好事,和教育培养孩子不矛盾;但赚钱和教育是两码事。果果自制力差,现在是最需要父母呵护的时候。如果错过了黄金教育期,你们也许会后悔一辈子。"

之后,我泡起了蘑菇,三番五次打电话跟他们协商,最终他们被我的坚持感动,决定让果果妈妈回来照顾孩子,商铺那边另外雇人来维持。有了妈妈在家当"监护神",果果不再到处乱跑了,生活和学习走上了正轨。

"热效应"温暖冷漠生

小雨父母离异,她被判给了母亲。母亲独自到南方打工,小雨跟着姥姥生活。父母的离异在小雨心里留下了阴影。对此,我先做工作让小雨成了住校生,这样既减轻她姥姥的负担,也让她避免了校外因素的干扰。在校内我们给小雨压任务,只要她能胜任的统统让她担起来,历史课代表、兴趣小组组长、排球队长、生活委员等让她忙得不亦乐乎。生活如此充实,付出如此快乐,小雨再也无暇去想父母离异之类的烦心事了。

周末是留守生最孤独苦闷的时候,我们就轮流和小雨在一起度过……大家庭形成的"热效应"温暖了小雨冷漠的心,让她感受到这世界上不光有亲情可以慰藉心灵,友情也同样值得期待。

慢慢地,小雨由冷漠生变成了阳光女。

点点思雨

身为教师,也许不能阻止无数留守女生的出现,但不能眼看着身边无辜的女生们生活在孤寂冷漠中,更不能找各种借口把责任推给家庭和社会。唯有行动起来,把每位留守女生装在心里,以心交心,以爱博爱,让她们感受到来自亲情以外的温暖、热情、信赖和力量,她们才会以此为动力迎接未来生活的挑战。倘能如此,为师者才能真正为建设和谐社会贡献自己的力量。

(刘姿爽 山东省淄博市桓台二中)

借一串手链做文章

小A是一个女生,在与我见面之前已是学校里鼎鼎有名的传奇人物。据说她排名稳居年级第一,属于人见人爱、花见花开的那一类人。我本无缘成为她的班主任,但暑假开学后,她竟成了我的学生。

面前的这个女孩子身形臃肿,脸色暗黄,跟传说中的女学霸相去甚远。虽然之前与她的父母交谈时已得知这是长期服用激素类药物的结果,但我还是很吃惊。没人知道一年前那个炎热的暑假里发生了什么,让原本乖巧温婉的她突然间性情大变。大闹课堂,顶撞老师,谩骂管理员,把垃圾桶扣到男生头上,将硫酸铜溶液泼在女生脸上……狂躁不安的她到处惹是生非。大家愕然惋惜时,她已休学离去。

一个生性要强的女生,曾经挣扎在怎样的痛苦之中,连她的父母都不晓得。可喜的是,重返校园的她依然执著于梦想。只是时光易逝,物是人非。即使她返回原来的教室里,坐在原来的座位,看到的也不再是原来熟悉的面孔了。不知她那颗敏感而脆弱的心是否能够承受起这崭新的,同时也是陌生的一切。

"老师,我就是小A。今年本应该初中毕业。"说话时,她的眼神里充满了落寞,"一想到自己从前的老同学都已经从九(5)班的教室里走向了高中,我心里就十分难过。我在这儿跌倒,就应该从这里爬起来,所以我想重新回到原来的教室里,坐在原来的座位上学习。"

她渐渐融入班中,我则小心翼翼地观察着她的一举一动,寻找着和她深入交流的时机。

期中成绩出来的那天,她上课开始走神儿,话也少了许多,我明显感到她情感的天平失衡了。没能蟾宫折桂已够令人沮丧,再加上那几个一贯嘻嘻哈哈的"新兵"都排在她的前面,让她情何以堪?

犹豫了一天,她最终选择了逃避。她向我告别,说:"老师,我不想上了。尽管我很努力,却再也找不回过去。"

这样的结果,本在我的意料之中。时刻绷紧的琴弦,不断已是幸事,又怎能奏出华丽的乐音?

我打开抽屉取出一串手链,它曾让我瞬间开窍,今日又将拯救一只迷途的羔羊。

"这手链的前身原本是一只光润圆滑的玉石手镯,无意间碎了。无论我多惋惜,它都不可能完好如初了。琢玉师傅帮我捡拾起碎块,然后打磨,钻眼儿,再配以彩色丝线和珠子,最终成就了一串别致的手链。好看吗?"我问道。

她默然无语,眼圈儿却红了。其实女孩子的心犹如玉石手镯,晶莹圆润,硬度很高却也易碎。我要告诉她,当生活的凄风苦雨打碎它时,我们不能活在美好的记忆里,而是应该含着眼泪捡拾碎片,认真打磨,精细补缀,耐心装饰,成就别样的人生。

我和小A的故事还在继续,我在等着欣赏她的"手链",那或许是故事结尾的那个圆圆的句号。

点点思雨

一位医生说过:"三年学个'大'医生,十年学个'怕'医生。"这句话的意思是新手往往无所畏惧,行医久了反而时时处处小心翼翼。班主任做久了,我也深有同感。因为每一颗稚嫩的心灵都需要被呵护,我害怕自己无意间成为心灵杀手。心灵的裂痕会让人痛苦终生,即使凝结成疤,也会不定时地发作。尤其是内心敏感而脆弱的女生,更容易受到伤害。但无论我们多努力,来自方方面面的伤害都会不期而至。我只希望在难以抗拒的伤害发生后,我们有能力帮助他们缝补破碎的心。

(杨国艳 河南省安阳市文峰区宝莲寺一中)

教会学生自我拯救

开学，小翠没来上课……经过多方询问和调查才知道，原来她逃课了……小翠返校后，情绪一直低落。如果不是发生了这件事，我还没有发现这个文文静静的小女生有什么"特别"的地方，可是这一次，我再也不敢"小看"她了。

她的周记，字迹很潦草，反复写着一句话："上学没意思，学不会，也不想学……"我就在下面写了一句话："打败你的不是逆境和挫折，而是你自己，要学会自我拯救！"令我没想到的是，她明显被"hold"住了！态度有了很大的转变，她渐渐把字写得端正，也学着慢慢接近我。我继续鼓励和观察着她，我发现，小翠写文章有一定的水平，我不断用语言激励着她。她高兴极了！学习也格外认真起来，不懂的问题也开始向老师们请教。看着她一天天积极改变着自己，我从心里感到欣慰。

高三下学期，她突然请假没来。我打电话跟她联系，她支支吾吾地说不想上学了。我再问，她像下了决心似的说，没钱交学费。我着急地说："不就是一个学期的学费吗？老师可以帮助你。"她谢了我的好意，说想挣到钱再回来上学……我为她的离去感到很惋惜，就发动她的好友对她进行劝说，但她心意已决。

那天，我去逛超市，意外地碰到小翠，她当了售货员。她见到我很热情，跑前跑后地帮我挑选衣服。我怜惜地询问她："服务员不好当，有没有觉得苦？"她点点头说："还行。"我又问她："真的不想参加高考了吗？"她显得很伤心，说："想，但不后悔。"我问为什么。她说："老师，其实我不敢跟您说实话，我觉得很丢人。"原来，她哥哥因盗窃入狱，需要巨额赔偿，家里实在没钱供她上学。所以她想自己挣钱上学……

了解了她的遭遇，我拉着她的手对她说："不要难过，苦难是我们人生的必修课，这只是暂时的，只要你不放弃，不妥协，一切都会过去的！"我跟她讲，她的学籍我还给她保留着，如果她想参加高考，还可以报名。她听后，两眼放光："真的吗？"我点点头。我说："虽然你不在课堂里了，但你依然是老师的学生，复习资料老师帮你订上，有问题随时来找老师，老师会帮助你的。"她一下子扑上来抱着我哭了，她说："老师，真是太感谢您了！我没有想到，我都这样了，您还是没有放弃我！我永远记得您说的那句话：'打败你的不是逆境和挫折，而是你自己，要学会自我拯救！'"

　　后来，她真的来报名参加了高考，并顺利考上了一所职业学校。过年时，她发来短信说："人生的旅途，因您而明亮；生活的道路，因您而不再迷茫，是您给了我飞翔的翅膀，是您让我找到了人生的方向！衷心地感谢您，我最亲爱的老师！"

　　人的一生中，总会遇到困难、痛苦、厄运和失败，虽然我们不欢迎，也不喜欢，但又总是躲不开。没有人喜欢面对困难和不幸，但聪明的人善于将之当作成长的机会。上帝在把苦难撒向人间的时候，往往也能使人奋起、成熟，从中得到锻炼。所以，当苦难不期而至时，我们要视苦难为财富、为机遇，勇于向它宣战。实际上，战胜困难要比打败自己相对容易。只有当你能经受住困难和失败的考验，才能展示出你真正的价值，你，要学会自我拯救。

（王杰英　河北省饶阳中学）

模特给她们上了第一节课

她们是一群连普通高中也没有考上的女生，被编在文秘班。看着她们那迷茫的眼神，第一节语文课，我给她们讲了两个模特的故事。

故事一

有个老头，75岁了还要南下打工。到广州后，他什么工作也找不到。为了活着，只得捡垃圾。一天，他像往常一样在越秀公园捡垃圾。突然，一个背着画夹的女孩挡住了他的去路，说："老爷爷，您能帮我个忙吗？""姑娘，我能帮你什么忙？""您就站在这里，我给您画张像，行吗？""中！"

女孩便在画板上飞快地画着。突然，老头拔腿就跑，那女孩随后就追。老头说："姑娘，我可没钱给你。"

"老爷爷，我不要您的钱。画好了，我还要给您钱呢！"

老头一听，心想，哪有这样的好事？女孩看出了他的怀疑，当即将20块钱塞给了他。

"老爷爷，您的长相很独特，如果您愿意，我介绍您到我们美院当模特。"

第二天，老头带着女孩留给他的纸条，将信将疑地走进了广州美院。在女孩的引荐下，他成了广州美院的模特。

"这位老人恐怕做梦也没有想到他今生今世还能做模特！他抓住了一次偶然的机会，改变了他风烛残年的人生轨迹。同学们，你们多大？你们才十五六岁啊，是初升的太阳！在未来漫长的人生旅途中，机会很多，只要善于把握，你们也会有精彩的人生！"

学生热烈鼓掌。

故事二

李娜,一个来自重庆的打工妹,从小就想当模特,苦于没有机会。一天,她无意中看到一家杂志社招聘封面模特的消息。于是,她就偷偷地跑去报名并参加了封面模特的拍摄。不久,她的美丽形象上了这家杂志的封面。她的"出镜"不胫而走,引起了车间主管的注意。车间主管对她说:"你的双唇很性感,做我们产品的形象代言人一定不错。"从此,李娜的人生发生了巨大的变化——她成了唇模。同学们无比惊讶,她们从来没听说过这种模特。

做唇模,也不是我们想象的那样简单。首先要对着镜子反复念26个英文字母,锻炼口型;然后是念出一个字母后,唇形保持一个小时不变;最后,一个唇形要保持半个工作日。

她练出来了,她成了许多人追捧的"星"。

"李娜的成功在于她始终没有放弃自己的梦想;在于她能够扬长避短,将自己的优势发挥到极致。同学们,我们每个人都有着别人不可替代的特点和优点。只要我们能够正确地认识并把握住自己的特点和优势,我们也一定会拥有成功的人生!"

学生再次热烈鼓掌。

点点思雨

对于一群中考失利的女生来说,如果教师不在入学之初想方设法地帮助她们正确地认识自己,给她们信心,给她们力量,给她们勇气,那么她们很可能会一蹶不振。因此,在2014级文秘新生入学的第一节语文课上,我给她们讲了两个模特的故事。我希望她们懂得:人生的输赢,并不在一时一事。只要人们能够正确地认识自己,把握机会,不断努力,勇敢地面对挑战,那么,一定会创造精彩的人生。

(王金凤 广东省佛山市三水区工业中专)

"心语日记",好伙伴!

孩子们升入六年级后,各种问题接踵而来:对异性有好感了,对父母更加叛逆了,盲目崇拜偶像了,更注重人际关系了……这个年龄段的女孩子,有着比男生更多更细更敏感的问题。

新学期一开学,我便几次发现有的女孩对我欲言又止。这些孩子从一年级就跟着我,她们早就把我当成了知心朋友,可是现在对我却躲躲闪闪,看来真是长大啦!她们一定是有什么话想说又不好意思开口,是什么事呢?我该怎样帮助她们呢?每天我都在暗暗琢磨:该怎样让害羞的女孩抛开顾虑,向我敞开心扉呢?冥思苦想了几日,依然没有答案。

一天,我在外听讲座,小洁妈妈打来电话,说小洁出事了,喜欢上了一个男孩子,为他的快乐而快乐,为他的悲伤而悲伤。这么早就恋爱了,这还了得。还因为这件事与父母吵得不可开交。我很奇怪:"你怎么知道她喜欢上了一个男孩子?"小洁妈妈肯定地说:"我从孩子日记中看到的。"我否定了她偷看孩子日记的做法,告诉她不要小题大做,让她相信我,把事情交给我。

回校后,我趁办公室没有其他老师,把小洁请来聊天。我讲了自己小学阶段的故事,通过交流,小洁破涕为笑,情绪得到了疏导,认识到了自己不应该和家长吵,更不应该赌气说不活了,孩子和家长的关系得到了缓和。

问题解决了,回想这件事情,我忽然有了新的发现,为什么孩子要写日记呢?因为她的心里话不知对谁说。那么怎样做可以让孩子敢于说,乐于说呢?何不用写日记这个办法,让有话要说的同学通过日记写下自己的苦闷心事。这可真是山重水复疑无路,柳暗花明又一村呀!

没想到写"心语日记"的提议受到了孩子们的热烈欢迎,就这样,每个孩子都准备了一个日记本,每天无话不写,话少就少写,话多就多写,这样孩子们不把写日记当成任务,只当成诉说的方式。为了达到交流的目的,我让孩子们以给我写信的方式把心里话写下来。

于是,孩子们每天写着:"亲爱的徐老师,……爱你的某某某。"我每天一一回复:"亲爱的某某某,……爱你的徐老师。"就这样,一年间我和孩子们一直坚持写"心语日记"。

这种方式给孩子们开辟了说的渠道,使他们在有了问题时能够去表达、去发泄、去寻求帮助。这一年时间,"心语日记"帮助很多家庭调节了亲子关系,帮助很多孩子学会了如何与人相处,帮助很多孩子认识到关注异性是正常的,帮助很多孩子愉悦地接纳身体的变化,帮助很多孩子找到了身边真正应该学习的榜样……

人们常说:"女孩子的心思你别猜。"有了"心语日记",女孩的心思我们也可以猜啦!

> **点点思雨**
>
> 青春期是美好的花季,这个季节有阳光也有暴雨。成长中的各种问题对青春期的女孩子来说同样是不可避免的。面对这些问题,教师应该根据这个阶段学生的年龄特点,特别是心理特点,思考相应的教育对策和方法。教育是心灵的艺术,教育只有走进学生的心灵深处,才是真的教育。心灵的交流,心灵的和谐,心灵的碰撞,都会产生一种美。如果教师不能走进学生的心灵,教师所采取的教育手段和方法,就不会收到理想的教育效果。
>
> [徐晓彤　山东省潍坊(上海)新纪元学校]

爱有时也需要"糊涂"一点

前几天,女生寝室313发生了一起丢东西事件,我把寝室里的学生逐个叫出来询问,她们都睁着天真无邪的大眼睛,一副很无辜的样子。而丢东西的时间是在晚上宿舍关门后,因此偷东西的人肯定是同寝室的人!

没想到,几天后,313寝室又有一位学生丢了15元钱,睡觉时钱和饭卡还都装在口袋里,第二天早晨就不见了。叠被子时,无意中在床铺下发现了卡,但找遍了整张床,也没找到那15元钱。

钱虽不多,但是不能再不了了之了。

早读课最后5分钟,我让313寝室的12名学生每人拿出一张纸,我说:"现在每个人都在纸上写些内容,是你拿的,你就悄悄写给我,我会替你保密。不是你拿的,就写一下你对这件事的看法。"

放学后,11名学生交上了纸条,只差一帆没有交,正当我等她的时候,却有学生悄悄跟我说:"老师,一帆哭了。"

我把一帆叫到外面,小声问她怎么了。她说有人怀疑是她拿的,她很有压力。听她这样说,我安慰她:"身正不怕影子斜,是你拿的你就承认,不是你拿的你也不用怕别人的闲言碎语。"她渐渐平静了,回到教室写下寝室里最近的情况——她是313的寝室长。

翻开其他11位学生交上来的字条,我发现有3名学生怀疑一帆,其中包括丢钱的那名学生。有一个学生写得比较详细,当天她是值日生,和一帆留下等待学生会检查,她恰巧看到了一帆把饭卡放到别人床铺下的一幕。而一帆写的是不知道是谁拿的,也没有见过别人的钱和饭卡。我心里有些悲凉。

午饭后,大家在教室里自习,一帆的课桌上放着一本翻开的书,但她好长时间也没有翻动。她手里拿着一把塑料尺子,不停地转来转去，转的速度极快，这些都让我觉得她此刻心里烦躁不安。

是的，学生都很敏感，老师把谁叫出去询问，谁就可能被怀疑、被歧视、被孤立，一个十二三岁的孩子，这将会给她的一生带来怎样的阴影！这是我不想看到的。

我踱来踱去，决定先放手，我对丢钱的学生说："政教处的吴主任说，有学生在女生寝室楼那儿捡到15元钱，正好是一张10元的，一张5元的，一会儿我去帮你领了吧。"一帆还在摇尺子，只不过摇的速度变得慢而有序。

中午，我去班里，看到一帆正在擦玻璃，问她怎么现在擦玻璃，她回答："我承包这扇窗，看到它有点儿脏。"我们的窗户，一个月才擦一次，上周刚擦过，但她现在就觉得已经脏了。

只擦玻璃似乎还不能表达一帆的热情，一帆环视了一下周围又说："老师，讲桌还没人承包，交给我吧。"

我再也没有在班里提起这件事，就让它糊里糊涂地过去吧。直到现在，313寝室再也没有丢过东西，而且，我又多了一个粉丝！

点点思雨

把事情调查得清清楚楚，给学生一个明明白白的交代，看似特别有必要。其实，有些时候，这样做不见得合适，特别是对女生。她们爱面子，自尊心强，即使我们有充分的理由，也不能以伤害她们的自尊心为代价，否则，将会给她们的一生留下阴影！

为了孩子现在的笑颜如花，为了她们以后想起自己的学生时代就像看到了艳阳天，我们要适可而止，该放手时就得放手，没必要抓住一个人的错误不放。这也是一种爱，一种看似糊涂的爱，一种大爱！

（陈晓娜　河南省南乐县近德固乡中学）

真情是心灵的衣衫

暑假过后，班里转来一女生，高高的个头，衣着时尚，发型个性，显得那样与众不同。她有一个很好听的名字：一诺。政教主任说，一诺因为打架转学，特别交代我对这样的学生不要硬来，一定要注意方式和方法。

一诺怪异的发型，常引来老师和学生的不满。作为班主任，我曾多次劝说，结果都是无效。那天，一诺正巧来办公室交作业，她那扎眼的发型，让我难以忍受。我随手拿出梳子，给她梳了个麻花辫。看着镜中那个清新、秀丽的女孩，我指着镜子说："看，这才是老师喜欢的一诺。"后来，我只要有空就给她梳辫子。刚开始她并不接受我的"好意"，后来，周围的人都说她梳辫子好看，她渐渐地接受了这番"好意"。有一天我想给她梳头，教室里却不见那熟悉的长发了——一诺剪发了，齐耳短发，好一个阳光少年。我欣喜，柔情为我化解了"发结"！

周末，校门口常聚集一些不良少年，他们染发、吸烟，与校园里的学生比，他们给人一种"狼"的感觉。我告诫学生一定要远离他们。

没想到，我却看到了令我愤怒的一幕：在这群小混混中，一诺正毫无羞耻地吸烟。女孩吸烟，岂能容忍？我用愤怒的目光，暗示她跟我走。

来到办公室，我铁青着脸，让她给我一个吸烟的理由。短暂的沉默后，她哭泣着诉说，她生于单亲家庭，从小跟着奶奶，但唯一的亲人也离她而去，她感到整个世界都抛弃了她。于是，她与他们混在了一起。看她伤心落泪，我没有批评指责，而是轻轻地告诉她：纵使所有人离你远去，还有我在。既然我们有缘做师生，我就不会放弃你。

她放声大哭，所有的委屈和怨恨，随着泪水流走。我知道，温情能唤回迷失的一诺!

一个冬日的夜晚,学生早已离校回家,学校不远处却传来阵阵哭喊声。循着哭声,我发现一群少年正在疯狂地暴打一女生。女生毫无反击之力地躺在地上,抱头哭喊。我走近一看,被打的女孩是一诺。见此情景,我大声怒喝"住手!",同时奋不顾身地冲了过去,抱起受伤的一诺,用身体挡住雨点般的拳脚。乱拳中,我受了轻伤,而一诺因遭暴打而昏迷。

在去医院的途中,救护车的随车医生怕一诺不再醒来,让我不时地轻唤她的名字。一路上,在一声声呼唤中,一诺终于露出了证明生命存在的微笑,让我泪流满面。经过抢救,一诺醒了。看着窗外明媚的阳光,我知道,我用真情挽回了一颗流浪的心。

几天后,办公桌上放着一束静美的康乃馨和一张贺卡:"有一种爱,叫不离不弃;有一种情,叫真心实情!您是老师,却胜似妈妈。老师,让我喊您一声'妈妈'吧!"

感动的泪水滑落心底,真情是心灵的衣衫,它温暖了人间的你我!

米兰·昆德拉说:"生命是一棵长满可能的树。"每一个问题学生的背后,也许都有一段辛酸的故事。谁的青春不迷茫?面对花季中迷路的学生,我们不能一味地批评、指责,更没有放弃的理由。我们要用温暖的手抚慰他们稚嫩的心灵,让每一颗孤独的心,有一个栖息的港湾。真情是心灵的衣衫,可以遮挡风雨,可以温暖心灵!

(宋丽婷 山东省淄博市周村二中)

看电视引起的风波

一天，在放学地点，一脸焦急的紫睿妈妈告诉我，昨天晚上，孩子非常严肃地跟她说活着真没意思，还不如去死了呢！吓得他们夫妻俩一夜没敢合眼。我一听，后背直冒冷汗。

经过一番分析，我们找到了问题的根源：孩子非常喜欢看电视。幼儿园时吃完饭就会看一个多小时左右的动画片，现在上一年级了，为了让她养成良好的学习习惯，家里刚刚作了个新规定——周日到周四的晚上不能看电视。就因为这个规定孩子才有这样的想法的。

我建议，有限制性地看电视这个规定应该循序渐进，不宜"立竿见影"，得让孩子有个适应的过程，我建议紫睿妈妈修订这个规定：前几周可以隔一天看一次电视，不看电视的那天晚上多跟孩子聊聊天，既能增进母女感情又可以分散孩子的注意力；几周后隔两天看一次电视，不看电视的那两天晚上可以跟孩子聊天，也可以跟孩子进行亲子阅读，培养良好的家庭学习氛围；如此坚持下去，孩子会把对电视过多的注意转移到学习上来。

我知道光靠家长的一己之力是不行的。第二天，在品德课上，我设计了专题内容——说说生活中你的烦恼。孩子们踊跃发言，烦恼还真不少。有的孩子就提到了看电视的问题。我顺势引导，问："看电视和学习之间应该怎样去选择？"有的说不能天天看电视，也有的说每天不看电视很难受……这时，我播放了准备好的卡通人物视频，故事中的小朋友和孩子们有相同的遭遇，视频有一个比较好的建议：看电视要有节制。最后，孩子们都认同这个看法。我看到一脸专注的紫睿也默默地点了点头。

第二天，紫睿来告诉我她昨天晚上没看电视，而是和妈妈聊天，这种感觉很好。第三天，紫睿告诉我她昨天晚上看动画片了，很有意思……一连几周孩子天天来汇报她在家看动画片和亲子游戏、读书的事情。我有时会提醒她要保护好眼睛,有时会听她讲她和母亲的精彩故事,有时会被她描述的动画情节逗得哈哈大笑。

不知不觉几周过去了,孩子的心沐浴在亲情的阳光中,徜徉在和老师的沟通交流中,流连于与同学的和睦相处中。班内形成了有节制地看电视的良好风气。

紫睿妈妈告诉我,现在孩子过得很快乐,母女关系更加亲密了。

在以后的三年里我都及时关注紫睿的心理变化并及时给予疏导,看到紫睿妈妈欣喜的眼神,看到四年级的紫睿自信、阳光、充满活力,我欣慰极了。

> 品学兼优的学生更需要老师细致入微的关注。这部分孩子往往得到的宠爱太多,受到的批评太少,心理承受能力很差。些微的不称心不如意就会把他们击倒、压垮。作为班主任要多关注成绩优异的孩子在面对逆境时的表现,及时地给予指导帮助,教育孩子学会化解矛盾,学着处理纠纷,学着克服困难,遇到问题要寻求同学、家长以及老师的帮助,练就一颗勇于承担的心。
>
> (荆晓燕 山东省淄博市桓台县实验学校)

第四辑
疏导"早恋",平息青春萌动的风波

* 青春期美好的情愫值得尊重,但一些不当的行为也需要引导和教育。如果我们都能在女孩子乘上青春列车时,用科学的指导和理性的教育陪伴她们的青春之旅,她们的人生会甜蜜幸福,我们的社会也会和谐美好!

* "早恋"是青春期学生成长中的"关键事件",也是我们中学班主任绕不开的话题。"早恋"的女孩是敏感的、脆弱的,"早恋"的女孩看问题的眼睛,是长在她那颗细腻、温婉的心灵上的。作为教师,只有放低自我,才能真正地走进学生的心灵。

梦醒时分

"小萍近来情况不大对头，回家总爱发脾气，常常将自己关在房间里，一个人发呆，有时干脆不回家。同学说她好像喜欢上了谁，我和她的家人问她，她都很不耐烦。您是小萍的老师，看看有什么办法……"小萍的舅舅找到我，很是焦虑。

经他这么一说，我恍然大悟：难怪近来上课她总是走神，难怪近来她总是写些所谓的爱情故事，而且是那种偏单相思的故事。我知道事情有些严重了，如果不及时疏导好小萍，那我需要处理的事情就不只是明年高考的事情了。

我赶紧将小萍的周记找出来，果然有问题。9月21日她写道：她远远看见他走过来，她的心跳加快，几乎不能呼吸了。然而，他连看都不看一眼，和别人谈笑着走过去了。那一刻，她，连死的心都有了……9月24日又写道：她感觉自己就像一只被玻璃隔着的苍蝇，看见了光明，却永远也不属于自己……

"她是不会轻易告诉我实情的。"我想，"又何必一定要知道'他'是谁呢？既然她愿意写出来，说明她信任我，何不利用周记好好疏导她呢？"我还发现，小萍文章的字里行间似乎在试探我的看法。于是，我假装什么都不知道，也不明说，只是借评语讲些小故事让她去感悟。

10月6日，小萍写了周记《青果》，写了"她"和"他"的错位爱情悲剧。我点评道："作为作者，你真正考虑过他们的结局吗？他们究竟是快乐多，还是伤痛多？他们是否太过于意气用事？他们过早地涉足恋爱会有什么结局？他们爱情的现实基础又有多少？你所演绎的故事又何时才是尽头？昙花一现带来的是美好的回忆，还是一生永久的伤痛？苦涩的青果能甘甜吗？他们的学业前途怎么办？父母的苦心又待如何?"

没想到,10月8日,她的周记又交上来了,没有新文章,却在我的点评后面写了长长的一段:"……不求天长地久,但求曾经拥有,又有何不可?"

于是,我附上我即兴写的《梦醒时分》:

不求天长地久,/但求曾经拥有!/可曾经的伤疤将由谁来抚平?/青果,早早地挂上枝头,/可谁能真正体味,/翠绿里面的苦与涩?//

曾经,/无知地固执地追求着,/像一只不知何谓危险地冲向蜜罐的苍蝇。//

当无情的蜘蛛网尘封了,/曾经炙热的炉台。/蓦然回首,/"我"已经不是原来的"我"。/"我",/曾经,/饮鸩止渴!/是梦醒时分了!(推荐欣赏歌曲《梦醒时分》)

接着,小萍连续三周没有交周记,我开始有点不安了。终于,第四周,她的周记交上来了,题目为"梦醒"。我高兴地点评道:"恭喜,梦醒了!好好学习,天天向上!"

小萍的梦醒了,那个有说有笑的小萍又回来了。

喜欢一个人,对于处于青春期的少女来说,是再正常不过的现象了。高中生正处于青春期的敏感阶段,因而,适时恰当的教育引导是非常必要的。我们可以通过不同的途径实现我们的教育引导,可以是集体活动主题班会,可以是单独谈话个别交流,也可以是书信往来、板报专刊。一旦发现个别学生出现异常行为,老师、家长一定要格外关注。我们应及时了解情况,分析情况,及时寻找解决问题的办法,及时疏导,帮助学生渡过难关。

点点思雨

(罗少武 福建省漳州市诏安县第一中学)

润物无声巧引领

作为初中班主任，最棘手的莫过于处理学生的早恋问题了。放任和压制都不可取，但教育的"度"又难以把握。我的策略是——教育好女孩子。女孩子比男孩子成熟得早些，只要适时引领，让她们有较强的自我把控能力，大方得体地和男孩子交往，"早恋"的种子自然就少了栖身之地。

这话说起来容易，做起来却是一个很浩大的系统工程。

心田犹如土地，如果不让它长出荒草，就要播种庄稼。所以，初一学生刚入学时，我就和女同学以及她们的家长们（发动家长很重要）约定，一起编辑一本属于我们自己的青春读本——《青春絮语》。大家随时可以推荐作品，在每周的阅读课上抽出时间一起赏析品读。

第一篇文章是我推荐的梁衡的《跨越百年的美丽》。作者介绍居里夫人上大学的经历时，这样写道："这个高额头、蓝眼睛、身材修长的漂亮的异国女子，很快成了人们议论的中心。男学生们为了能更多地看她一眼，或有幸凑上去说几句话，常常挤在教室外的走廊里，她的女友甚至不得不用伞柄赶走这些追慕者。但她对这种热闹不屑一顾。她每天到得最早，坐在前排，给那些追寻的目光一个无情的后脑勺。"我和学生们坦诚地交流，探寻玛丽·居里"抗拒诱惑"的力量之源，探寻真正的青春之美。我还给她们推荐过田晓菲的《十三岁的际遇》，文中的一首小诗"没有什么使我停留／除了目的／纵然岸旁有玫瑰、有绿阴、有宁静的港湾／我是不系之舟"，成为许多女孩子的座右铭。同学们和家长也参与其中，杨澜、刘墉、毕淑敏等人的文章一一被我们收录进去。

时光在飞，日子在走，从初一到初三，我们逐渐加厚的青春读本，在无声地引领着孩子们，随时播种，随时开花。可以说，理想和信念是生命力最为旺盛的种子，一旦植根于心田，孩子们就会心无旁骛，执著于远方。那种卿卿我我、花前月下的小浪漫就很少能吸引她们。

《青春读本》让孩子们"仰望星空"，追逐理想，而我们班的"青春大讲堂"则让孩子们"脚踏实地"，正确地了解自己。

进入初二后，学生们的青春期表现比较明显，甚至有人说"逢二必乱"。为此，我在班里开设"青春大讲堂"，每学期把男女生分开进行三期专题讲座。女生讲座以"聆听花开的声音"为主题，系列介绍与女孩青春期相关的知识。主讲人有时是生物老师、心理老师，有时是家长，有时是我们邀请的专家……通过讲座，孩子们掌握了科学的青春期知识，并利用这些知识来指导自己。当我们的教育能够帮助孩子驱散阴云、带走迷茫时，孩子的心灵世界就会是澄澈的。

教育无痕，润物无声。当女孩们能够珍爱自己的青春，并心怀远大的人生追求时，她们就不会过早地停下脚步！即使偶尔驻足，她们也会及时调整，再次出发！

在不同类型的学校工作了多年，经历过很多让人痛心的事情：有些女孩子不懂得自我约束，家庭教育的缺失使她们和社会上的不良青年混在一起，抽烟、喝酒，甚至怀孕堕胎……所以，每逢听有些专家大谈什么"恋爱"就是需要练习，把干涉学生早恋的老师讥讽得一无是处时，我就很气恼。青春期美好的情愫值得尊重，但一些不当的行为也需要引导和教育。如果我们都能在女孩子乘上青春列车时，用科学的指导和理性的教育陪伴她们的青春之旅，她们的人生会甜蜜幸福，我们的社会也会和谐美好！

（王国明　北京市育英学校）

这场"早恋"风波就这样结束了

余小君虽然成绩不很突出，但她孝顺能干、乐观坚韧，属于那种青春阳光的女孩，不管遇到多大的困难，她都能想方设法克服，这吸引着班上的每一个人。尤其在我讲述了余小君在父母外出打工的情况下，每天做完功课坚持辅导弟弟学习、照顾生病的奶奶后，全班同学无不为之感动。可是不久王老师告诉我，余小君谈恋爱了。

那一天上生物课，王老师正在黑板上写字，转身发现余小君和同桌张祥低声嘀咕，神色异常，她走下讲台，结果发现了两个人写给对方的纸条，上面满是倾诉爱慕之情的火热的话语，她便不动声色地将纸条收了上去，下课后顺手交给了我。两个孩子关系不错，我是知道的，但竟然发展到恋爱的阶段，这是我怎么也没有想到的。面对两个孩子懵懂的爱，我的第一个想法是"冷处理"，因为我认为只有这样才不会伤害到孩子，也才有时间处理好这件事情。如果在集体面前暴露他们的关系，反而会把他们推向"风口浪尖"，弄不好会助长他们的反叛情绪。

原来，张祥先"爱"上了余小君，写纸条表达自己的感情，余小君原本对张祥有好感，现在又收到了张祥释放的信号，便主动迎合，结果两个人越走越近，以至于发展到今天谈恋爱的地步。这也难怪，余小君的父母长年在外打工，没办法关心她，而她正处在生理、心理发展的敏感期。或许是因为太缺少家人的关心，太冷清、太孤单的缘故吧，一旦有人向她抛出"青苹果"，她就毫不犹豫地接受了。在这次"早恋"事件中，我认为做好女生余小君的工作才是关键。

我把余小君叫来，和她谈起了男女生交往以及自己对待爱情的看法。我说："同在一间教室里，男女同学正常交往本无可厚非，但必须遵循适当原则和等距交往原则，交往中感情、举止要适度，交往的对象宜泛不宜专，交往的频次宜疏不宜密，特别是要把握好交往的分寸。中学生的主要任务是学习，如果在人际交往上投入的时间太多势必会影响学习。"

余小君起初有点抵触，听了我的话后脸色缓和了许多，于是我接着说道："凡是爱情的种子，总得有合适的土壤和温度。土壤是什么？就是能够自立于社会。你们现在所谓的'爱情'注定是'青苹果'，看起来美好，其实又苦又涩。如果你们确实互相喜欢，等将来条件成熟了，再发展感情才会又香又甜啊。"经过我的一番开导，余小君渐渐认识到了自己的问题。

为了巩固成果，我又请王老师找余小君谈话。王老师是一位女教师，由她出面更好。王老师下班后将余小君带到自己家里，一边包饺子，一边和她谈心，谈青春，谈理想，也谈生理……第二周我又适时开展了"14岁，我们迈进青春的门槛"主题班会，对全班同学进行了有针对性的教育。不久，余小君便摆脱了"早恋"的困扰。

至于张祥，他本来就是个听话的孩子，这次写纸条不过是冲动之举，经过我的教育，他的心很快平静了下来。这场"早恋"风波就这样结束了。

> 初中生正处在生理、心理发育的关键阶段，青春期的萌动会使一些学生控制不住自己，陷入"早恋"风波。面对这种情况，教师要运用教育心理学知识，顾及学生的"面子"，以平静的心态疏导学生心理，切不可一味指责或者"小题大做"，因为这样不仅于事无补，反而会使事情向糟糕的方向发展。如果我们能够因势利导，循循善诱，施用多种举措，就一定能帮助学生顺利迈过人生这第一次"险滩"。
>
> 每一个孩子都是一朵待放的花朵，教师的使命就是用知识和智慧浇灌花朵，使其能够美丽优雅地绽放。
>
> （陈美彬　江苏省宝应县实验初级中学）

放低自我，走进"早恋"女生的心灵

我知道，成绩优秀的晓芳，陷入了情感的泥沼。如何引领她走出青春的迷茫？

"几个孩子正玩得不亦乐乎，一个小家伙突然摔倒在地，并立即哇哇大哭。大人处理的方法多是这样的：给孩子拍掉身上的泥土，嘴里说着要孩子立即停止大哭的话；或者鼓励他勇敢点，自己爬起来，别哭；再或者就是朝地出气，说这地真坏，看我不打它……一个小女孩是这样处理的：她一看那跌倒的小家伙，愣了愣，接着，跑过去，装着一下子跌倒了，就跌在那小家伙的身旁，她跌倒了，还笑得咯咯响。那小家伙一看小姐姐，也笑了，抹抹泪，又玩起来。"

这个案例曾让我回味无穷，也许，小女孩并没有从深层考虑她行动的意义，但小女孩"放低自己"，以一个共同遭遇者的身份去感染小家伙的做法，却充满了灵性。

回想自己的青涩岁月，我也曾经陷入情感的沼泽，为打开学生的心结，我决定从"老师的早恋故事"入手，为学生们讲述"一个为情所困的故事"，并开展一次关于"情感与学业"的话题讨论。

故事是：16岁那年，一个女孩读高二，一段时间里，女孩的目光被一个高大帅气的优秀男生吸引，和很多青春期的女孩子一样，她陷入了情感的泥沼，她的心开始游离于课堂，成绩也一落再落……

故事讲完后，我问道："如果曾经的她，就是现在的你，你会怎么办呢？"

"为情所困时，我会选择勇敢地走开！因为喜欢一个人并没有错，但如果这种喜欢影响到了学业，那就是错！"

"我们追求学业，我们向往爱情，但对于学业未成的我们来说，学业才是最重要的。"

......

同学们积极参与讨论的热情和成长的渴望，让我震撼，更让我感动！

几天后的一个晚上，晓芳走进了我的办公室。

"老师，我也无可救药地喜欢上了一个男生，为此，我无心学习，甚至寝食不安，我该怎么办？"

说这话的时候，她脸红了。目光里有期待，有羞涩，还有点话说出口就后悔的味道。尽管我已经有了心理准备，但还是一惊。没想到她会这么快地走近我，并且问得这样直接。

"那个男孩一定很优秀、很帅吧？"

"是的，阳光帅气，成绩优异，在班里一直保持前五名。"

"你真有眼光！人生就像一次长途旅行，路上要学会欣赏美丽的风景，这个优秀的男生，就是你人生旅途中的一道'美丽的风景'，坦然面对，学会欣赏。但在欣赏的同时，要叩问自己：我的目的地在哪里？他是不是我旅途中最美的风景？这道'美丽的风景'值不值得我放弃目标、停滞不前？他会不会也为我驻足停留？相信聪明的你，会想清楚这些的。毕竟，你们都在不断地成长和成熟中！当然，如果未来的某一天，你与他，在同一高度又相遇了，而且再次发现，更加成熟了的对方，依然是自己见到的最美丽的风景，那又有什么不值得庆幸的呢？"

"老师，我知道自己该怎么做了。"

说完，她走出了我的办公室。看着晓芳离去的背影，我知道，她不会让我失望的。

点点思雨

"早恋"是青春期学生成长中的"关键事件"，也是我们中学班主任绕不开的话题。"早恋"的女孩是敏感的、脆弱的，"早恋"的女孩看问题的眼睛，是长在她那颗细腻、温婉的心灵上的。作为教师，只有放低自我，才能真正地走进学生的心灵。

（呼宝珍　河南省扶沟县教师进修学校）

另类"早恋"女孩

那天中午，吃完午饭后在宿舍刚要休息，急促的电话铃声骤然响起，我立即接通，话筒传来男生公寓宿管教师的声音："郭老师，您班的陈建和朱文博在宿舍打架了，请迅速到宿舍来。"

我迅速赶到现场，两人已被拉开。陈建的手臂有明显的抓伤，朱文博的脸被打得红肿。他俩是班上品学兼优的学生，明年中考可以考上县级重点中学的，我搞不清楚他们为什么打架。

把他们带到宿管教师值班室，我进行审问后，才知道了一个天大的秘密。原来，丽萍经常找学习委员陈建问问题，一来二去就有了好感，谈起了"恋爱"。后来，她又遇到了身材高大的朱文博，他不仅学习好，还是体育委员，是一些女学生心中的白马王子。丽萍也不甘示弱，主动接近朱文博，表达好感。这次陈建和朱文博在宿舍大打出手，就是陈建看到朱文博与丽萍好，吃醋了。陈建先与朱文博发生口角，后来矛盾升级便动起手来。

了解这一情况后，我并没有批评他们，而是先让他俩回宿舍休息，我要重点教育的是丽萍。

下午，我把丽萍叫到心语室，她已知道陈建与朱文博打架一事。我故意问她："你知道他俩为什么打架吗？"她脸红了，没有说话。

"如果他们打架出人命，你逃不了责任。"我说完后，她惊讶地看着我。

我继续说："男女生进行正常交往无可厚非，你与陈建和朱文博的关系已超越正常男女生交往的范围。你是初三学生，不积极备战中考，却轻易表达着爱，不仅影响学习，还引发了同学矛盾。"我因气愤说话的语气有些加重。

丽萍好像明白了什么，小声地问我："老师，那我该怎么办呢？"

"把这份爱先保存起来，等你们成年有稳定工作之后再表达。"

"可，可我……"后面的话，她没有说出来。

"我知道你想说什么，但我告诉你，初中学生是不能'早恋'的，你们正处于求学年龄，如果不把心思放在学习上，考不上理想大学，你的理想就会灰飞烟灭。十五六岁的你们生理和心理都不成熟，没有能力承担责任和后果。走上工作岗位后，自己的周围会出现许多优秀的男性，可供比较和选择。'早恋'为校纪校规所不容，一旦踩上这根高压线，今天老师找你谈话，明天又请家长，你还会开心吗？"

"经您这么一说，我知道自己错了。"

"那你该怎么办呢？"

"与他们分手，然后好好学习。"

第二天，她主动找到陈建和朱文博，先进行道歉，请求他们原谅，又向他们阐明了学习的重要性……

经历打架风波的陈建和朱文博立刻明白了她的话，他们的"爱情故事"画上了一个句号。

> 当今社会，受一些影视作品的影响和西方文化思想的侵袭，孩子们性成熟较早，对于求学的学生来说，这是一个严峻的挑战，如果不能正确处理，他们将陷入"早恋"的漩涡。这样不仅耽误学习，他们还要遭到学校的处分，严重者甚至会被开除。作为教师，面对学生的"早恋"，对他们来一场"狂风暴雨"的说教，往往适得其反，甚至造成学生逆反，影响正常的师生关系，加速"早恋"的进程。教师要善于从学生成长的角度分析早恋的危害，然后再选择时机为学生指明成长的方向。
>
> （郭华云　天津市蓟县燕山中学）

道德日记疏导"早恋"

夜自修结束后,我如同往常一样,走在回宿舍的路上。看到了伟和玲走在一起,伟的手搭在玲的肩上,一副甜蜜的样子。

他们两个无意间回过头来,看到了我。他们脸色煞白,眼神躲闪,非常尴尬。我说:"今天已经晚了,伟护送到这里也差不多了,赶紧回宿舍。大家都想一想,明天我们再聊吧。"

玲选择通过写道德日记来和我沟通。

无情的打击

老师,我想说我真的不是虚伪,我不是这样的人,有几次我也想把情况告诉你,征求你的意见,但是我还是害怕,害怕伤害了他,我也不想让他失望。

评语:老师也想告诉你,在我心中,你一直都是个勇敢、乖巧、懂事的好女生。爱情,是多么美好的事情啊!作为高中生,学习任务这样艰巨,高考压力这样巨大,如果对异性有好感,互相倾诉,本来也不是件坏事。但是一定要有底线,如果一个人做事没有底线,就会不顾一切,无法自拔。记住,对的时候,做合适的事情,这才叫作美好。

不舍的分手

我想了很久,今天下午体育课的时候,我和他说清楚了,聊了一会儿,我还是决定和他分手。我不知道这个时候,是对还是错,有同学建议我说不要分,因为分了之后会很难受。不过我还是选择了这个结局,我和妈妈说了,我现在很难受。

评语：你是花，总会香气四溢，做一个优雅的女生，让自己更加优秀，让明天的自己更加精彩。记住，明天，又是一个艳阳天！

一起的朋友

今天下午，灵兮跟我说了很多很多，她站在一个朋友的角度、一个旁观者的角度告诉我，我现在这样不值得，高考真的很重要。我很感动，很庆幸自己能有这样一个朋友，很感谢其他舍友对我的关心和爱护，有她们陪我走过高三，我很幸福。

评语：老师看到你能在一个多月的时间，走出那个小小的甜蜜的世界，走向更开阔的大舞台，非常欣慰。

蜕　变

新的一周开始了，今天的班会挺有意义的，我会试着放松心态，时刻保持微笑，积极乐观地看待每一场考试。我在改变，从改变自己的成绩开始，希望两百多天后，我能给自己的高中三年，给亲爱的爸爸妈妈，交上一份美丽的答卷。

评语：既然我们都只能按时交卷，就好好作准备，这是一份有分量的试卷，考查的不仅仅是知识，更是一个人的心智，相信自己，为你祝福！

尾　声

我知道我是一个高三的学生，我走在高考的路上，感受到自己的成长，同伴的陪伴，爸妈的爱护，老师的督促，我能把最好的情感装在盒子里，藏在心里，我感谢这段恋爱，也感谢被发现。写了几个月的道德日记，感谢老师的耐心疏导，谢谢您一直陪伴着我，温暖着我。我真的好喜欢八班，我的班级，我的家！

评语：我知道，这是你的最后一篇道德日记，感动得让我觉得如同看了一本书。好女孩，祝福你！

对于学生"早恋",如果强打硬拆,非但没有什么效果,而且其发展可能更加迅速;如果不能及时地处理,还会出现不堪设想的结局。高三的女孩心理比较脆弱,来自学习和家长方面的压力更大。因此要用最恰当的方式和学生沟通,让学生明白在这最重要的时间里,做什么事情才是最合适的。每天一篇道德日记,和学生进行心灵的沟通,有助于让学生心中充满爱,心智逐渐成熟,用理智来战胜"无厘头"的爱情。

(滕陈英 江苏省锡东高级中学)

不能说的秘密

　　莲一样的圣洁，荷一般的优雅，屏气凝神，世事宛若帘外一笼烟雨，执笔轻触间如雪的宣纸上飘洒出一行行隽秀的诗篇。眼前这一景，使人恍如置身书画江南，竹影摇窗，气质如兰的佳人沉浸在旧梦如织的思念里……如此女子怎能不让人爱慕？

　　这样的女孩应该有颗细腻的心，让人怜爱，不忍触碰，静静地在她身后欣赏，字结句落方才出声："你怎么出落的如此娴雅，像金陵走出来的十二钗。"她莞尔一笑，颔首低眉。

　　"很多男孩欣赏你吧？"她依旧笑而不语。"这么亭亭玉立的女孩子怎么可能没人喜欢？不用害羞，这是值得高兴的事。"我们倚窗而坐，"你让我想起了高中同窗——佳，一个同样亭亭玉立的女孩子。在我们眼中，佳是命运的宠儿，然而世间事总不是那么平顺，上天赐予她清丽容貌与气质的同时，也给了她一个巨大的考验。"

　　她好奇地看着我，静待后续的故事。"在众多追求者中，斌用他的优秀俘获了佳的芳心。坠入爱河的佳，对未来充满信心，丝毫没有影响她的成绩。"

　　我可以看出她不解的神情，急于知道上天究竟给佳安排了什么考验。我娓娓道来："一个如常的周末，他们结伴在湖边看书。这一切被一双眼睛记刻于心。转天，再次出现的佳不再如往日文静，变得异常'开朗'，随之而来的是成绩一落千丈，那时距高考只剩两个月。这让老师和家长为她焦急的同时十分困惑。佳最终无缘重点大学。"她惊讶地轻轻感叹："那个周末发生什么事了？"她终于忍不住发问。

　　"那双眼睛，是斌父亲的。斌的成绩明显下滑，他父亲早就有所察觉，于是周末跟着斌离开家。当晚，他和斌进行了长谈。在父亲高明的攻心术下，在高考冲刺的关键时刻，斌选择为高考分手。对他来讲，也许这是正确的决定，然而那日的轻声呢喃、暗许终身，就这样在现实面前化为虚无。毕业后，我与她再次相遇，她对我倾诉所有。此时他们再无交集，佳已走出那段阴霾，但她为此付出了巨大的代价。"

"如果当初没有开始，一切会不会变成美丽的记忆？"她问我，又像是与自己对话。我回应着："是啊，年轻的我们承受不起这沉重的爱。"

"莫不如留住美丽的记忆装点人生的风景。"她沉思片刻，"您如此推心置腹，我明白其中的深意。"

"聪慧如你，怎会不知？保持你的高洁，给彼此两年的时间沉淀自己的思想。不要因为年少懵懂的轻率，在对方的人生中留下难以忘怀的伤痕，如果缘分注定，你们未来的人生，定会收获成熟的爱情。"

青葱时光的初恋，迷醉倾慕中的你我。有谁曾想，清浅的缘分转眼便成昙花一现，随流年辗转而去，化成指缝间细碎的风絮。如若珍爱，请耐住心性，待你我长成，再来绽放。

> 步入青春期的女生很容易被优秀的异性吸引，这是一种自然而美丽的情感。然而年轻的孩子却又不能准确地把握这份情感，情感容易波动，他们很难对未来作出承诺。若说"早恋"一定会影响成绩，那倒未必，然而这种恋爱的风险很大，一旦失恋，带来的打击很可能是灾难性的，轻则影响学生成绩，重则让学生轻视生命。因此，"早恋"是不被社会提倡的，老师和家长应善于观察青春期孩子的细微变化，与此同时，还要善于从侧面进行心理疏导，正确引导，防患于未然。
>
> （田　旭　天津市实验中学）

点点思雨

书信有奇效

进入青春期的女生，会有许多烦恼，特别是与异性交往的烦恼，她们迫切需要班主任的疏导。疏导的方法有许多，其中书信就有奇效。借助书信，鸿雁传书，师生可以敞开心扉，无话不谈。下面是一位初二女生给我的来信以及我的回信：

尊敬的王老师：

  最近，心中总是烦躁，总想与人倾心交谈，诉说心中的一切，今天，就借此机会，向您倾诉。

  曾经，我喜欢过一个人——帅帅。在七年级时我就与帅帅交往了。可能是因为太过于投入，所以在那年期末考试时，成绩一落千丈。在假期的时候，我心里总是想着帅帅，虽然想办法忘掉，但是他总是浮现在我的脑海里，直到现在为止，我还是没有忘记，甚至晚上做梦有时都会梦到。我都不知道怎么办才好！我很想忘记，因为怕耽误学习，但又忘不掉，唉！

  还有一件烦恼事，健健说喜欢我，并且老缠着我，每天放学后，都跟在我后面，我又不好意思拒绝他，因为他是我的小学同学。我都不知道该怎么办了。

  请老师给我指引方向，帮我解除烦恼。

丽丽

丽丽同学：

  你好！

  你在信中说喜欢帅帅。恕我直言，你喜欢得是否正确，很值得怀疑。到底什么样的男孩值得你喜欢，你现在根本就不清楚。在不清楚应该喜欢什么样的人时，就与帅帅亲密交往，这是不慎重、不严肃的，甚至是草率的。如果你心里真喜欢帅帅，就应该明确告诉他，并且要求他，把彼此的喜欢都埋在心底，集中精力把初中和高中的学业搞好。俗话说，日久见真情，如果你们真有好感，以后再交往也不迟。你说你总想着帅帅，没办法忘掉，甚至还会梦到他。老师很理解你这种情况，哪个少女不怀春？但是只要你克制自己，今后不再有亲密交往的行动，就会慢慢忘掉对方的。岁月无情，时间一长，你就不会再想他了，也不会梦到他了。

关于健健，你就更不能与他有超出正常同学关系的异性交往，一次也不能有！因为健健同学缺乏学习兴趣，而且也没有养成良好的习惯。如果你跟这样的同学进行不恰当的异性交往，老师会很担心，担心你受到伤害。如果从今以后他还缠着你，你不能不好意思，你必须非常严肃地告诉他，你会告诉班主任，会告诉家长。在此，老师还想请你记住并且反复体会这句话："少男的无知造成的是对少女的伤害，少女的无知造成的是对自己的伤害。"异性交往不可不慎！

祝你学习进步，开心快乐！

你的老师：王有鹏

进入青春期的女生，比男生更容易产生情感困扰，特别是容易陷入所谓"早恋"的泥潭而难以自拔。班主任，有必要对她们进行必要的教育、引导，使其顺利走过人生这一特殊而又重要的阶段。通过鸿雁传书，让学生倾诉烦恼，袒露心中的秘密，对于女生走出青春期困扰很有帮助。但是能够实现师生书信沟通交流的前提是，教师必须赢得学生的信任，必须走进学生的内心世界。否则，学生是不会敞开心扉，不会向老师叙述自己私密的情感问题的。

（王有鹏　山东省临沂实验中学）

你的笑容如花绽放

"吴老师,我跟你说件事:昨天中午我到学校早,看到你们班M和一个男生抱在一起亲嘴,吓了我一跳。因为M情况特殊,我假装没看见。但是他们一看到我,就赶紧分开了。""啊?!谢谢你。我会注意妥善处理的。"

M,刚上初一没几天,我就注意到她了。每个科任老师都跟我反映:这女孩太让人讨厌了,上课肆无忌惮地说话,不交作业,出口成"脏",和男生打架,简直就是一个野孩子。谁教育她,她就对谁耍横。为此,我专门和M聊过。M说,她还没上小学,妈妈就生病去世了。爸爸为了养家糊口,经常跑长途车。继母对她不好,常在爸爸面前抱怨管不住她。爸爸不在家时,继母骂她的话很难听。

了解了M的身世,我很同情她。后来据我所知:M母亲是和M父亲发生口角,一气之下跳河自尽的。所以,M父亲觉得亏欠女儿,对女儿百依百顺。我希望M能体谅父亲的辛苦,理解继母的期望。我也跟各科任老师私聊过,希望他们能多宽容M。所以,虽然M在学校不招人喜欢,但是大家也尽量容忍,倒也相安无事。没想到,这小姑娘现在竟然闹了这一出,这可如何是好?

经过深思熟虑,我觉得不能坐视不管:这件事发生在学校,M是女孩子,容易吃亏,万一……我不敢想下去。于是我找M来办公室,问她昨天是怎么回事。M脸色有点不自然,不过还是故作镇定地告诉我:"N(那男生)问我要东西,我不给,他就掐我脖子。"我听了以后故作勃然大怒:"你不给他东西,他就敢掐你脖子?我去找他!"

我把N叫来,看到M也在,N愣了一下,马上心虚地低下头。我问N怎么回事,N的回答和M如出一辙,显然是事先商量好了。于是,我目光灼灼地对着N说:"你怎么敢欺负M?!你知不知道我是怎么护M的？！你知不知道M爸爸有多疼爱M？你的行为如果被M的爸爸知道了，你信不信她爸会找到学校来收拾你？！你一个男生，掐女生脖子，是谁教你的？是你爸妈吗？要不要我现在给你家打电话，问他们为什么这么教孩子！"

听着我严厉地训斥N，M低着头，大气也不敢出。N被我的严厉吓倒了，我分明看到了N的手都在微微颤抖。吓唬N的目的达到了，我语气一转："男孩子要有气度，绝对不能对女生动手。告诉你，这次就算了，下次再让我看见你和M在一起，我第一个打电话给M的爸爸，说你欺负M，让她爸爸来处理；然后汇报学校，让学校通知你父母把你领回去。"

看着N如遇大赦般推门出去，M也如释重负。我扶着M的肩膀："我不许任何人欺负你，我相信，真正爱你的人也不会让你受伤害，明白吗？"M点点头，羞涩地对我笑了一笑。

这一瞬间，我第一次看到了M羞涩的笑脸，这笑容如花绽放。我知道，M明白了我这么处理的苦心。

点点思雨

青春期的女孩子，生理开始发育，心理也开始发育。如果在家庭里母爱缺失，父爱不讲原则，在学校又没有朋友，那么女孩子很容易对异性产生兴趣，出现"早恋"。如果不加以正确引导，后果不堪设想。作为老师，我虽然心里清楚发生的事情，但是佯装不知，顺着学生的说法进行处理，也许学生会觉得好笑——竟然骗过了老师。但是，学生心里更明白：老师煞费苦心，不把事情戳破，是为了保护女孩子那颗敏感脆弱的心，随着时间的推移，一切都会改变。

（吴菊萍　新疆泽普石油基地巴州石油二中）

你的青春你做主

一个女孩走进了我的办公室，低着头支支吾吾不说话，我有些纳闷。

"老师，你说喜欢一个人有错吗？"这率直的表达，震得我坐直了身子，认真起来。我感谢她的真诚和信任。

"咋的了，小美女？"我笑着说。她是学校的升旗手，一个漂亮、豁达、讨人喜欢的女孩。

"班里的同学都说我……"女孩流泪了，搓着手，跺着脚。

我大致有些明白了：可能是她喜欢上了一个男孩，班里的同学跟着瞎起哄，说了一些不着边际的话。

"喔，我不太明白，坐下来，慢慢和我聊聊，好吗？"我故作糊涂，拉着她的手，让她坐在我的身旁。

"老师，我喜欢班上的一个男生，他学习好、长得帅……但我只是佩服他呀，我们之间从来没有什么超过同学关系的越轨的行为，我只想努力学习，让他能正视我呀。"女孩说着，极力地想让我知道他们之间什么也没有。她那认真的近似澄清的表情让我好心痛。

"接着说。"我没说什么，此时我最好的角色是倾听者。

"但是班上的同学却乱嚼舌头，有的同学还说我是癞蛤蟆想吃天鹅肉。老师，我也不是癞蛤蟆呀！"她低下了头。

我哈哈大笑，故意凑到她面前，夸张地说："哪里来的这么漂亮的癞蛤蟆？"

她不好意思地笑了。

我拍了拍她的肩头笑着说："我以为是多大的事呀。你看你做得多好，把对他的喜欢化作自己努力的动力，老师都有点佩服你了，小小的年龄就把这件事处理得这样好。"

她直起身子,眼睛亮了起来。

"你们现在刚刚进入青春期,男女同学彼此喜欢是再正常不过的事了,你看你做得多好呀!至于别人的谣言,随他们说去吧!嘴长在别人身上,我们又不能给人家贴个封条。"她笑了。

"但老师有个办法让他们以后不说了,你想不想知道?"她兴奋起来,眼睛放光。

"这个办法叫'淡定',你不去理他们,时间长了他们就会觉得无趣,因此也就没有兴趣说了。你看见耍猴的吧?"她点了点头,"只要锣鼓一响,猴子就又蹦又跳满场疯,但是如果锣鼓停了,猴子就蔫了,不动了。你的表现就好比是锣鼓,你敲得越响,表现得越激动,他们疯得越厉害。"女孩听得很仔细,不住地点头,刚才还阴乎乎的小脸渐渐放晴了。

"老师,我走了,不打搅你了。"我笑着送她走出去。还没走出办公室的门,她又折了回来,说:"老师,我可以抱抱你吗?"

"当然可以了,你和我女儿一样大,你就是我的孩子呀。"我把她揽在怀里,搂得紧紧的,"你的青春你做主,你的眼前有一棵葱郁的小树,更有一片茂密的森林,我相信你一定会把你的青春打理得井井有条又丰富多彩。"

> 教育的内涵是真爱、是倾听、是欣赏、是关注,当我们面对青春期的女孩子因情感问题出现的困惑时,千万不要动辄为其扣上"早恋"的帽子,一味地批评指责。要有一颗"同理心",站在她们的立场上,理解尊重她们的情感;要营造一种温馨和谐的关系,让孩子愿意和我们倾诉;要大方地告诉孩子:少男少女之间彼此相互吸引是很正常的事,老师和父母可以理解;要坦诚地给她们更好的建议;要巧妙引导她们放下负担,提升自我,转移注意力,把眼光放得更长更远。
>
> (于鸿丽 山东省莱州市金城中学)

唤醒迷途的"羔羊"

放学时有意无意的晚归，时常的独来独往，偶尔的心不在焉，小宁的表现让我恍然大悟：小宁有小秘密了！

一天放学后，她来到我办公室，我指指房门，暗示她关上，她回转身来莫名其妙地注视着我。

我微笑着，神秘地说："嗨，说说你的白马王子呗！"

"什么白马王子啊？"她脸一红，辩解道："老班，别瞎说！"

"还骗我？我可是名副其实的国家心理咨询师，想逃过我的火眼金睛？"我伸出小拇指和她拉钩，"我保证绝不泄露秘密！"

她抿着嘴唇，沉吟片刻，然后爽快地说："老班，我知道逃不过你的火眼金睛的！他是小金，上学期他开始给我递纸条，说要和我交往，我当时并没有答应。但他平日里时不时给我买点零食，有时还哄我开心。再后来，过了暑假，我们就开始交往了。"

虽然她的话断断续续，但我一直真诚地注视着她，耐心地倾听。

"哦！想一直交往？影响学习不？"我表示担忧。

"没有影响。我没有想那么多，也没想那么远，到时候考上高中就分了呗。"她很轻松地回答。

"哦！"我恍然大悟，是虚荣心与情感断乳期在作祟！

"何谓'早恋'？恋着恋着就分了！"我唏嘘，郑重其事地说道："可我觉得小金是动了真情，上课神情恍惚，成绩飞速下降，时不时向你座位上瞟。"

她睁大了眼睛，看着我："这你也发现了？"

我点头："给你讲个案例啊，我上师范时一个女孩被同班男孩追求，男孩无微不至地照顾女孩的衣食起居。可是，快毕业时，女孩提出分手，男孩却深陷情感漩涡，不能自拔，最后无望的他从女孩住的寝室楼上跳了下去——"

她怯怯地说："老班，你说的是真的？"

"我骗你干吗！再说了，我觉得小金只是为处在心理断乳期的你填补了情感空白而已，这并不是真正的爱。况且，这样的交往把握不好度，不注意分寸，会耽误自己啊！"她若有所思。

"女孩要学会自尊自重，有时也要学会装傻。我上师范时也有人追求！但我一直装傻，因为我知道只有自尊自爱自强，一心扑在学习上，将来才能在竞争中立于不败之地，包括对待心目中的白马王子也是一样。"说着，我站起来，握起她的手，"孩子，每个人都要为自己的行为负责，你是个责任心很强的孩子，我相信你可以处理好这件事情！"小宁眼里亮晶晶的。

第二天，我走到她座位前，附在她耳旁说："老师为你保密，更相信聪明的你会把问题解决好的。"

假期里，我看到她QQ的个性签名为"断了线的风筝让它飞，它需要天空，你也需要自由"，小金的个性签名为"我要学着试着过没有你的生活"。

其实，每一个女孩都有一个王子梦！

王子梦是每个女孩生活的调色板，让女孩的心里充满幻想和美好，有了对异性或多或少的神秘印象，便梦想着在生活中也能遇到一位王子。所以一些性格特殊的女孩总是对异性表现出过度的亲密和向往。此时此刻，一句暗示，一次契机，一次沟通，往往会唤醒迷途的"羔羊"，往往会点燃其颓废的激情！

作为老师，能赋予孩子保护自己的能力，让她像一株带刺的玫瑰，安全而美丽地绽放，还有什么比这更值得欣慰的呢？

（张爱敏　河南省新乡市长垣县樊相镇中心学校）

她不再恋师了

下班后,办公室里只剩下我一个人在备课。忽然,一个俏丽的身影一闪,像一朵云飘到我办公桌前。

哦,是她。一段时期以来,她总是时不时地向我问许多政治课的问题。近来,她又迷上了哲学,常拿自己的哲学感悟和我交流。我每次在和她深入交流时,她却一声不吭,只是用眼睛偷偷看我。

"该放学回家了,今天太晚了,有什么需要交流的观点咱们明天再探讨吧,好吗?"我把目光投过去,她却红了脸,低了头,一双手不停地玩弄着一张折叠得很精致的小纸片,翻过去,倒过来,倒过来,翻过去……

"老师……"她终于开了口,但说了两个字就没有了下文,眼睛也不知朝哪儿看。

有一种预感像影子一样开始向我袭来,我忽然记起了几天前课间的偶然发现:她有一个精美的日记本,上面工工整整地抄录着我在博客上发表的一些诗词。她专门收集我的诗文干什么?现在她又一个人跑来找我……

"老师,我写了一首诗,想……想送给你。"她脸红得像喝了酒,说话也结巴起来。

我镇静地接过她手上的纸片。几行熟悉的字立刻映入了我的眼帘:"我有双饮盏,代取曲水长。德馨千里传,宇襄闻名然。今我独恋卿,生当作此论。只此长许心,爱将清浅溟。李下结鸳鸯,霞披映云光。"

影子消失了,预感变成了现实:她对我这个男班主任产生了朦胧的爱慕,爱得大胆而露骨!

我真想对着她大吼:荒唐!太不像话!你是中学生,知道吗?

可话到嘴边,我又忍住了。她不是一个坏学生:遵规守纪,学习勤奋,生活简朴,待人诚恳,乐于做好事……

我迅速制定了对策:冷处理。

我笑着对她说:"诗写得不错,但是爱情不是你们现在能消费的,太早了!我也有两首词,你看看。"两首词如下:

《雨霖铃·写给妻子》:"董氏婀娜,娴而慧女,许我作婆。家贫屋小无钱,仍依恋,浓浓情意。加鞭快马从教,弯弯一道辙。常忆起,辛酸往事,苦中求乐心胸阔。持家爱岗亦蹉跎。更何况,教育需雕琢。今日加班几点,教室里,声音如锣。出早归晚,爱生如子,金牌勇夺。永愿伊,青春常在,做育人楷模。"

《水龙吟·给女儿》:"漪芃生爱俊俏,愿穿裙子显窈窕。伶俐聪颖,渴求智慧,人小志高。略知琴律,深谙棋艺,素好舞蹈。三载求学路,取友亲帅,常蹦跳、喜嬉闹。六点起到学校,勤读书,乐上眉梢。朝去暮归,春秋寒暑,花蕊渐茂。书山弥高,时不待汝,学习多娇。人生苦短,学海无涯,更传捷报。"

我告诉她,外面的世界很大,人生有许多更重要的事要做,现在谈"爱",是不理智的,也将是苦涩的。立业与成家,有前者不愁后者,有后者不一定有前者……我关紧了心的门,只让委婉的话像雨一样飘洒。她终于拉开了门,一闪身,像一朵流云飘逝在夜幕中……

潜移默化的教育仿佛是润物无声的春雨,只要有春雨的浸润,就会到处柳叶翠翠、桃花灼灼;潜移默化的教育仿佛是和煦的春风,只要是春风吹到的地方,到处是青青的小草。以柔和的声音和学生对话,学生就会喜欢与你交流;以爱抚的目光与学生交流,学生就会与你接近;以微笑的表情与学生沟通,学生就敢于跟你交心。这样的教育更容易触动学生的心灵,达到最佳的教育效果。

(董彦旭 天津市实验中学)

引导学生全面理解"爱"这个字

三周前,森森妈妈苦恼地向我倾诉:"田老师啊,森森告诉我们家里的亲戚,她爱上了一桐了。这才上小学三年级呀,我都不知道唧个办(怎么办)好了!"爱?!我既惊讶又觉得孩子可爱,怎么办呢?我决定静静等待爱的教育的契机。

一天上午,一走进班里,我看到黑板上赫然写着一排稚嫩的粉笔字:"森森爱一桐。"只见森森脸蛋红扑扑的,趴在桌子上尴尬着。

教育时机终于到了!值日生上前正要擦掉,被我摆手制止。班上的小朋友们面面相觑,关注着我的表情变化。

我问:"今天我们从这行字说开去,谁来说说,什么是爱?"班里的气氛顿时轻松起来,大家议论纷纷。俊卿脱口而出:"就是结婚和爱情呗。""哈哈哈——"小朋友们嘻嘻哈哈笑成一片。我随即在"爱"字的下面板书"结婚"和"爱情"两个词。"还有呢?我爱咱们全班同学,这是——"一同学站起来说:"师生之爱。"

"还有爸爸妈妈对孩子的爱,是父爱和母爱。""用自己的爱来帮助关怀别人,让别人感到温暖。这是关爱。"同学们陆续起身补充……黑板上"爱"字的周围,居然有了十几个分支的定义。

我打量了一下黑板,扫视全班,追问:"你们从中可以看出什么?"班里一片寂静。一个小手举了起来:"我觉得爱有很多种意思,不单指爱情和结婚。""是啊,一个词可以有广义和狭义的解释。"我补充道。

"一个汉字有很多个意思。例如津津有味,既可以指吃东西,也可以指看书。如果你因为理解片面而嘲笑别人,只能说明你自己没有真正理解这个词语。"一位女同学兴奋地说,似乎发现了新大陆。

我竖起大拇指,对女孩儿的话大加赞赏:"你理解得更深刻!中国的许多汉字都有非常广泛的含义,如果片面理解,说明还没有真正体会到语言文字的魅力。"我的目光扫过森森,悄悄关注她的表现,她把头深深埋在了胳膊肘里。我没有去追问她,希望给她一个自我感受的空间。

我指着黑板上的"友爱"二字,继续问:"你们怎样理解同学之间的友爱?""就是互相帮助,一起学习,一起进步。"一同学站起身回答。"哦。说得好!"我边板书边说,"能看到别人的优点,说明有一双会观察的慧眼。你们最欣赏班里的哪些同学,欣赏他们哪些地方?"

小朋友们叽叽喳喳地互相夸赞起来,森森也被小队长叫着参与到了交流中。她看起来释然了许多,没了刚才的拘束。

一堂以文字理解为载体的爱的教育结束了,我静静地等待着孩子们内化于心。

> **点点思雨**
>
> 在学生最孤立无援的时候,给予其最强有力的支持,帮助学生化解尴尬的过程,也是转变学生的过程。一次普通的黑板写画小事,实际也是一个育人的契机,老师照顾到事件本身的敏感性,从文字理解的角度出发,与学生平等探讨,巧妙引导,在对话中潜移默化地对学生进行了爱的教育。
>
> (田冰冰 重庆市巴蜀小学)

第五辑
注重安全,增强自我保护意识

*让孩子多点自我保护意识,可能就少一分危险;多一点提防,可能就多一道防护。

*女学生的安全一直备受社会关注。一些女学生外出或上学时,钱财被抢或遭遇性侵,甚至伤及生命的悲剧屡屡上演。这给广大教育工作者敲响了警钟,对女学生进行安全教育势在必行,这关系到她们今后人生的幸福。

面对陌生人，女生要有一道底线

周一开班会——一次针对女生的班会。

班会的内容是观看情景剧。提前安排一男一女做表演者，并作好充分准备。班会开始，其他学生认真观察情景剧中男生和女生的举止或做法，并进行评价、讨论。

情景剧表演开始，表演者并排坐着，此时画外音响起：

火车开始运行，前方到站是徐州站。

男生："哪里的？"女生："安阳大学。"

男生："大几？"女生："大一。"

男生："去哪里？"女生："徐州。"

男生："去干什么？"女生："找我哥。"

男生："就你自己一人吗？"女生："有个伴，不过她的座位在另一节车厢。"

男生："她也去徐州？"女生答："不，她去苏州。"

表演暂停，大家评价女生的言行。有人评价：女生很诚实，别人问什么就回答什么。这个回答出现后，教室里静默了，好一会儿，终于有人说话了："从他们的对话可以看出，男生和女生是陌生人。面对陌生人，我觉得女生这样做并不合适。"终于有人认为有问题了，什么问题呢？

这时，我板书上第一个问题："面对陌生人的问题，女生只能诚实回答吗？是否可以委婉拒绝？"

问题写下，表演继续，我不急于给出答案，而是让学生自己反复思考。

男生："给你看看手相吧。"

女生犹豫了一下，但还是把手伸了出来。男孩抓住女孩的手，仔细看了起来，看了一会儿，男孩又要看女孩另一只手，女孩又很听话地把另一只手递了过去……

表演暂停，学生开始评价。有学生问："他真会看手相吗？"有学生说："这个女生很听话啊。"

此时，我在黑板上写下第二个问题："看手相就是肢体接触，女生可以轻易和异性有肢体接触吗？"

问题留下，学生思考，表演继续。

女孩站起身，在手提包里摸索一番，拿出手纸，把手提包又重新放回座位上，然后往外走。

表演暂停，学生评价。这次，学生的认识比较统一："她出去时应该把贵重物品带在身上，手提包不能离开自己。"也许家长有过这样的嘱咐，所以，这次的意见很快达成了一致。

这时，我又板书上这样一句话："外出时，贵重物品不能离开自己的视线。"

表演继续：

女生（拿出手机打电话）："哥，我到徐州了。带的行李不多，下车后我自己坐公交车去找你就好，你不用来接我……"

女生打电话时，男生一直侧耳倾听。

表演结束，学生评价。这次，她们的评价又统一起来，她们都在夸奖女孩自立自强，因为女孩下车后不用哥哥接。

但这时，我在黑板上板书下的是这样一个问题："当着陌生人的面，能把自己所有的行踪都透露出来吗？"

班会在进行，女孩子的思考在继续。

我最后总结道：女孩子们，你们要有自我保护意识，自己的所有信息和细节是不能告诉陌生人的，更不要说和异性有肢体接触了。大千世界，你们可要学会保护自己。面对陌生人，你们要有一道底线！

> 对女生的教育不可忽视，和陌生人交往，女孩一定要有一道底线：个人信息最好不要轻易告诉他人；和陌生异性有肢体接触更是要不得的……但这些内容如果仅仅是由老师告知她们，很可能会被她们当作耳旁风，而通过观看情景剧表演，不直接把答案告诉她们，她们就多了很多思考，多了很多辨别，可能会促使她们思考独自面对陌生人时的做法。
>
> 是的，让孩子多点自我保护意识，可能就少一分危险；多一点提防，就可能多一道防护。
>
> （韩素静　河南省濮阳市油田教育中心教研室）

帮女孩编织自我保护的防弹服

情境一：晶晶、闪闪、园园一起到哈尔滨去滑雪，晶晶滑出了大家的视线范围，摔进了雪堆，手脚都冻僵了。闪闪和园园发现了，赶紧把她抬到屋里，并用热水为她浸泡，好让她尽快恢复知觉。结果，晶晶的脚形成了冻疮，有的地方都溃烂了。

情境二：娟子和小英是同桌，亲如姐妹，彼此相互信任，痛苦同分担，快乐共分享。偶然的原因让娟子染上了毒品，并不能自拔，她告诉小英吸毒的感觉美妙极了，让她一定要试试，否则便白来这世上了，小英该怎么办呢？

情境三：假期小莲在饭店打工，一天早上正在清理和面机，忽然大叫一声，胳膊被搅断了。原来，她在未切断电源的情况下清理，脚不小心触碰到了开关，惨剧便发生了。

……

这是我们班学生在进行情景模拟，通过自编自导自演的情景剧，让同学们把自己当作当事人真切地融入情境中去，为所扮演的角色寻找解决办法。全班同学讨论、争辩、解释，老师引导，明确在遇到突发事件时该如何自救和救人，不能因为好心反而误了事；毒品是不能碰的，即使是最信任的朋友，莫大的好奇心，美好的诱惑，都要拒绝，因为那是万丈深渊，会让我们付出沉重的代价，甚至生命；小莲断臂的事情已经发生，我们应该采取何种急救措施。

"下面的情境是'有一个你特别谈得来的网友约你见面，你该怎么办？'"主持人再一次抛出问题。同学们七嘴八舌，说不见怕会后悔，见了怕上当受骗，一致认同若实在想见，找同学、朋友或者家长装作陌生人陪同就两全了。

"如果有人让你上车帮他指路，你怎么办？"

这个问题一提出便有同学调侃"帮与不帮，这是个问题"，惹得全班哄堂大笑。

"我们可以做个智慧的好人啊，大家都不帮，社会就太冷漠了。"小美快言快语，也得到了大家的认同，其他人你一言我一语地献计献策。

"指路是可以的，但不能上车。"

"不能生硬地拒绝，就说自己有急事，实在不行给他画个图就行。"

"教他用导航不就行了。"教室里又是一阵大笑。

……

我们班是纯女生班，自当她们班主任那天起，如何教会她们保护好自己便成为我每节班会课的主题之一，不能保障她们的安全而空谈美好幸福的将来只能是镜花水月。我欣慰地看着这群灿若春花的女孩子，告诉她们生活是不能模拟的，也没有彩排，每天都是现场直播，每个人面对镜头的"表演"只有一次，不能重来，惨剧发生会带来严重的后果。所以当遇到困难、危险、侵害时，要具备足够的知识、经验、意志、胆量去与之作斗争，让我们一起来编织自我保护的防弹服吧。

> 现在的女大学生失联受害的案例屡见不鲜，无论是谴责犯罪分子人性泯灭，还是唏嘘女生防范意识淡薄，或是叹息世风日下都无济于事。学校、家庭、社会都难辞其咎，尤其是学校，占有丰富的教育资源，对女生的自我保护教育不能只是报告式地走过场，要有效开展，淡化教育痕迹，沟通思想感情，真正拨动学生的心弦，让学生自主自发地开动脑筋，思考解决问题的方法对策，形成正确的信念和价值取向，这样才能将"自我保护"内化于心，外化于形，让女孩子不受伤害，成就其美好人生。
>
> 　　　　　　（马彩云　江苏省南京工程高等职业学校）

点点思雨

"亡羊补牢"新传

2012年6月的一个周日早晨,我接到刘晶宇家长的电话,说晶宇已离家出走24小时了,能找的地方都找了,没有发现晶宇;所有的努力都付出了,还是没有任何消息。家长请求我给予帮助,我马上开始行动。在向她要好的伙伴秋菊了解情况时,我得到了一个重要线索:晶宇近期经常用手机上QQ聊天,并且有一个固定的QQ好友——"灰太狼"。晶宇的QQ昵称由当初的"山间野百合"改为了"爱上灰太狼",看来这次"出走"很可能与此有关。

晶宇是一个很文静的女孩子,学习很努力,却一直没有摆脱学困生的帽子,高二下学期期中考试后她开始迷恋上网。几个月的网络行走,使她终于找到了"精神寄托",逐渐迷失了自己。

晶宇带了手机,我不断地给她打电话,她不接;发短信,她也不回。往日,看到我的电话或短信她会马上回复的,今天她是怎么了?

下午6点多钟,她父亲打电话告诉我,晶宇马上到达秦皇岛,准备在那里约会网友"灰太狼"。我悬着的一颗心更加紧张。想到她一个女孩子在外边,可能会受到人身伤害,于是,我迅速给晶宇发了一条短信:

1. 在市区乘车时尽可能坐公共汽车,不要坐出租车,如需乘出租车,要查看出租车资质,黑出租车一定不要坐。

2. 与网友见面时,一定要选择公共场所,如咖啡馆、麦当劳等人口流动较大的地方,不要选择宾馆或位置偏僻的地方,更不能去荒郊野外。

3. 与网友见面时,要保持女孩子的尊严和庄重,对对方要有礼貌。要学会拒绝对方提出的不合理的要求,如借钱、要求发生性行为等。不要激怒对方或与其对着干,免得遭到人身伤害。遇到危险时要做到先稳住对方,然后乘机逃脱或者报警等。

4.手机要随手携带,不能关机,随时与家长或老师取得联系。

后来,我才知道,那条短信果然起了作用。网络中她的那个"白马王子",其实是一个近40岁的单身无业游民,与QQ里的照片相差太远,这让晶宇很失望。在火车站旁的咖啡厅没聊上几句,晶宇借上厕所为由,就逃走了,避免了"灰太狼"的侵袭。

周一下午,她平安回到家中。周二、周三她没有上学。我能理解,思想转化是一个缓慢的过程。周四上午,我抽空去了她家,对她进行了问候,并进行了将近一个小时的交流。我并没有说网恋的危害,也没有说她私自去外地会网友的危害。我告诉她,这几天有的老师和同学们问我,晶宇为什么没有上学。我说,她家中有事,等事情处理好了,就会来校上课。

听到这些话,晶宇用感激的目光看着我。最后,我告诉晶宇要放下心中的包袱,不要纠结于那件事情,希望她早日重返美丽的校园。

女学生的安全一直备受社会关注。一些女学生外出或上学时,钱财被抢或遭遇性侵,甚至伤及生命的悲剧屡屡上演。这给广大教育工作者敲响了警钟,对女学生进行安全教育势在必行,这关系到她们今后人生的幸福。亡羊应及时补牢,可防止更多的羊丢失,造成更大的损失。面对离家出走的女孩,无声的短信提醒,是一场及时雨,唤醒了她的安全意识。亲切的问候、温馨的提醒,避免有声教育的尴尬,这是真正的教育艺术。

(张国东　天津市蓟县下营中学)

我教女生有效地保护自己

开学第一天，就有家长投诉说女儿在学校受欺负，不在食堂寄餐了。我觉得奇怪，把学生和家长请过来。

家长拉着孩子，情绪有些激动："谁还敢欺负你，我就把他的腿打断。"

"这是学校，不是黑社会，不是以暴制暴的地方。哪怕学生违法了，我们也没有权利这么做啊！用违法的手段纠正违法，这不是把矛盾激化了吗？"

"老师管不了了，我们就只能这样啊！"

"我什么时候管不了了？"我很纳闷。孩子说话了："黄成帅他们老欺负我，剪我头发，还不允许我说。"

"我不是处理了吗？他们不是给你道歉了吗？你后来不是原谅他们了吗？"我一连串的问题抛出后，孩子低头不说话了。当着她老爸的面，我继续追问："后来黄成帅又欺负你了吗？"

"没有。"

"那你为什么要那么说呢？"

"我只想让爸爸答应我在外面吃饭。"

我转向家长，家长装作没有听见。算了，我也不想纠缠了，别的学生和家长还等着报名呢！于是，我快刀斩乱麻，对那孩子说："老师答应你在外面就餐。但是我得告诉你，作为一个女孩子，你要学会怎样保护自己。"

"第一，远离危险人群。哪些人是危险人群？那些看起来流里流气、举止轻浮，喜欢欺负女孩子的，你一看，要记得主动远离。还有，在外面小吃店吃饭，常常有人酗酒，喝醉了，发疯了，会乱来，要记得避开。远离危险人群，是主动保护自己的第一要领。"

"嗯。"

"别嗯,老师还没有说完呢。在班上也是一样的,有些男生没有修养,天生喜欢惹事,你也要远离。"这孩子也不是省油的灯,有事没事,自己也喜欢往男孩子堆里凑,我得指出来。

"第二,要自爱。怎么自爱呢?就是言行谨慎,不给自己找麻烦。如不传谣信谣,不搬弄是非,不和品性不好的朋友玩。"

"第三,要努力让自己强大。你看看,在学校里,哪些人从来不担心被人欺负?那就是优秀的人,成绩好、能力强,别说被欺负,别人敬重都来不及呢!你要把学习当作自己的第一要务。当你每次考试都位居年级前列,当班上和学校里的一些重大事情都离不开你的时候,谁还敢欺负你呢!"我这样说的时候,家长不说话了,也许,这是他和我对孩子的共同期望。

"最后,老师还要告诉你——无论什么时候,都不要对黑恶势力和坏行为妥协,尤其是不要以为你忍让、退缩,会换得你的平安。恰恰相反,那样只会让他们有恃无恐,因为他们也只能够欺负到那些能够被欺负的人。遇到这样的人该怎么办?首先是跑开,然后在确保自己安全的时候第一时间报警,告诉老师和家长。刚才你老爸不是说了吗,谁要是敢再欺负你,他就打断他们的腿!"

"是是是,不要怕,一定要告诉家长和老师。"她老爸赶紧附和。

"过去皇帝身边有坏人了,一些忠义大臣们就会联合起来'清君侧'。今天你要到外面小吃店去就餐,老师也为你'清君侧',提这四个建议,希望你好好想想、领会领会,好吗?"

孩子使劲点头。一些家长说,这老师多好啊。我不接茬。原则上我要求学生统一在校就餐,家长和学生实在另有打算,我也不勉强。就这样吧,希望她一路平安。

女孩子的安全问题，一直是我们教育的重点。我反对一些人的观点，什么红颜祸水、什么苍蝇不叮无缝的蛋，这样的观点是有性别歧视的。美丽不是罪，大方也不是错，但是，告诉女生自爱、自重，怎样做不会给自己带来麻烦，怎样做可以有效地保护自己，永远是我们需要教给孩子的一个重要课题。

（郑学志　湖南省邵东县两市镇一中）

我教女生"对付"调皮的男生

这天早晨,卢扬不知在哪里弄到一只打屁虫,装在瓶子里,不断地在蕊蕊面前晃。蕊蕊,一个娇滴滴的女孩,哪里见过这东西啊,吓得赶紧向我跑来,说卢扬用虫子吓她,要换座位。我安抚说:"马上考试了,下午给你换吧。"蕊蕊善解人意,不再说什么,回到座位拿笔。刚走到座位旁,又吓得跑了过来,说卢扬还在用虫子吓她。于是我就说:"别怕,那些虫子伤不到你,再说了,卢扬是故意逗你生气的,他这个年龄啊,就喜欢逗女孩生气,一旦看见你生气了,他就很开心。你高傲一点,学学猪八戒,把耳朵给卷起来,不听,把眼睛闭上,不看。"我一边说,一边笑着示范。我滑稽的动作把站在一旁的两位同学都逗笑了。可是,蕊蕊却扑在同学肩膀上委屈地哭了起来,然后冲出了教室。

看到蕊蕊跑出教室,我才觉得,我这番话说得不是很妥当,女孩子怕虫子,这很正常。她一再被卢扬逗得气恼,又不知如何面对,心里正委屈得要命,我不但没及时安慰她,反而在这个时候开玩笑。

蕊蕊跑了,我反思了,可卢扬呢?他正与一名男同学用透明胶把打屁虫粘在纸板上玩得不亦乐乎呢。

男孩子嘛,玩玩虫子,再正常不过了。逗逗女孩子,也是再正常不过了。过了这个年龄,你叫他做这些,他还不干呢。

只是,我该怎样来抚慰蕊蕊那颗受伤的心呢?

我先安抚蕊蕊,稳住她的情绪,让她正常考试。

中午,利用半个小时的时间,我与女生谈男生,开了一个只有女生参加的班会。

我说:"著名作家王安忆说过,这个世界没有男人是不堪设想的。但是,如果我们不了解男生,不懂得如何'对付'那些调皮的男生也是不堪设想的。"

我还说:"男孩比女孩好动,要想他们成为乖乖男,那很难。老师教你们一招,他们疯狂,你们就安静,这就叫'以静制动'。"

我接着说:"当然,女孩子还要矜持一点。在男生面前,越是出格发嗲的女孩,越是容易遭到男生的捉弄。相反,稳重大气的女孩,反而会赢得男生的尊重。你们想想,我们班的郭虹宇,看起来是多么柔弱的一个女孩子,坐在她前面的陈伦,哪天不骂女生?可是,他就从没骂过郭虹宇,反而对她小心翼翼的。"

我又说:"有这样一句话,距离产生美。建议女孩子不要和男生走得太近。比如和男生写纸条啊,再请其他男生帮着传递纸条啊,过不了几天,你的秘密就走漏风声了。"

女生问:"以静制动,以柔克刚,适当矜持,保持距离,就这些吗?"

我回答:"还有,别太在意男生的捉弄。也就是我们平常说的,我不理你,看你怎么着。当你不在乎了,他还能拿你怎么样呢?"

说完上述几条,我又神秘地说:"我今天可是把秘诀都传授给你们了啊,要好好记住,好好运用哦,我这是传女不传男的啊。"

> 有句俗话说得好,"男女搭配,干活不累"。一个班级也是如此,男生女生相处融洽,这个班级的凝聚力、上进心就非常强。有些男生的工作做起来比较棘手,女生就会暗暗地帮老师一把,所以把女生变成老师的贴心小棉袄很有必要。可是,青春期的男孩和女孩,心理发育不一致,往往女生懂事了,男孩还懵懵无知。这个时候,教会女生如何与调皮男生相处就非常重要了。经过多次面授机宜,我那传女不传男的秘诀终于被女孩子们领会并掌握了。男女生相处融洽了,班级风气充满了正能量。
>
> **点点思雨**
>
> (钟 杰 广东省深圳市光明新区光明中学)

第六辑
疏导心理，呵护脆弱自卑的心灵

* 教的本质要求我们不仅要帮助女孩子克服自卑心理，树立自信，告诉她"天生我材必有用"，还要培养女孩子坚强的性格，让她勇敢地面对一切考验，同时让孩子知道，自己有存在的价值，更要有人生目标，并且有能力做好一切。

* 班主任是智慧的园丁，要理解女生美丽外表下隐藏的脆弱和自卑，经常关注她们的心理健康，用专业知识帮助她们认识青春期的困惑，用智慧的方法鼓励她们绽放自信的花朵，在生活中尽情展示快乐迷人的风采！

永不言败

日子在"考试—分析—归纳"的循环中一点点流向高考,生活委员张云那紧锁的眉头也越锁越紧。屡遭挫败的"战绩",使她原本的自信,全都缩进了厚重的讲义夹里。看到她,我便感到心疼。

如何让这么一个好强的孩子重新鼓起必胜的信念,让她用昂扬的斗志来迎接学习中的磨难呢?我苦苦思索着,等待着那突然降临的灵感。

灵感终于来了。

距离高考还有五个月时,学校要求各班在醒目位置上设立高考倒计时牌,提醒师生珍惜时光,努力学习。

"请张云同学负责这件事情。"我在班会课上宣布:"为了考验张云的毅力和责任心,我要请张云在负责写倒计时天数的同时,完成一个简单而单调乏味的工作。这个工作不需要花费多少时间,却可以为全班同学服务。张云,你愿意吗?"

张云有些莫名其妙,但还是站起身来,点头答应了。

"其实,我安排给张云的任务并不复杂,就是希望她在每天写倒计时天数时,也在黑板的右上角写下'永不言败'这四个字。我想把这四个字作为我们班级的口号,希望大家每天、每节课都能看到这四个字。这样,我们也许就能不断激发出自身的动力,鼓足前行的勇气。"

第二天,黑板的两边被辟出了两条狭长的地带,左边写着"高考倒计时152天",右边写着"永不言败",字迹清秀而不乏力度。我看得出,张云是很用心地来完成这项简单的任务的。

为了让张云能在每次写这几个字时,都从心灵深处切实感受一下"永不言败"的深刻内涵。我抓住她的这第一次书写,又做起了"文章"。早读课上,我把张云叫到了班级隔壁的聊天室里,我说:"老师给你布置的这个任务,会不会耽误你的学习时间啊?今天黑板上的字,我看得出你是下了不少功夫来写的。你用了几分钟?"

张云羞涩地一笑,说:"也没有用多少时间,大约3分钟吧,只是写在黑板上的字,要比平时写在自己的本子上用心多了。写丑了担心别人笑话呢。"

"是啊,俗话说,字如其人。从你的字,我就能够感受到你的认真和执著。你在写这几个字时,心中有没有揣摩揣摩老师把这个任务交给你完成的用意啊?"

"我明白老师的用心。早晨我写这四个字时,就一直在心中对自己说:我还能行,我还有希望,只要我永不言败,我就能通过努力找回以前的自我。"

张云的话让我很高兴,她那闪亮的眸子更传达给我一种必胜的信心。

现在,离高考只剩下80来天。张云还是每天书写着"永不言败"这一励志格言。有了"永不言败"的精神支柱,我想,无论她在高考中考出什么样的成绩,她都一定会直面现实,并永远高昂起不屈的头颅,在未来的人生道路上阔步向前。最终,她一定会走向成功。

日趋沉重的升学包袱,摧垮了无数孩子的快乐心境,将原本蓬勃的生命,扭曲成了灰暗笨拙的考试机器。每天面对着那么多挣扎于书山题海中的学生,我总是想:我们做教师的,如何在自己的能力范围内减轻学生们沉重的心理负担,帮助他们相对轻松地走过这段岁月呢?

这样想时,我便希望用自己的力量,为他们开垦出一小片自由成长的土地。如果20年后,他们回忆中学时光时,能骄傲地说一声:我们的高中生活五彩缤纷!那就是我最大的快乐。

(刘 祥 江苏省仪征中学)

有信心等于成功了一半

自卑怯懦是一些女生的"通病",面对竞争,她们觉得自己这也不行,那也不行,一旦遭遇挫折,心理上缺乏承受能力,容易"溃不成军",难以"重整旗鼓",这种心理障碍是走向成功的大敌。

小梅是一名初二女生,虽长着一双会说话的大眼睛,但性格内向,上课从不主动举手发言,老师提问时也总是低头回答,声音很小,脸涨得通红。她在学校不和同学交流,在家里节假日也不出门,就连外婆家也不去。

通过一段时间的观察,我发现她长期受自卑、羞怯、焦虑和恐惧等负面心理的影响,总是心事重重、愁眉不展,这严重影响了她身心的健康成长。

小梅是家里的独生女,父母对她有望女成凤的期待,这更增加了她的心理压力。她常常因为不能达到父母的期望,否定自己,怀疑自己,不安、烦恼、孤独、离群等情感障碍随之而来。她母亲读书不多,对小梅的疏导力不从心,父亲工作忙,偶尔才过问一下孩子,但表达方式粗暴。

以前的教师对小梅关注较少,她得不到适时的表扬和肯定,久而久之便越来越不自信,自卑感日趋严重。

如何帮助她克服自卑心理,走出这个阴影呢?

为了消除小梅的自卑心理,我在课余时间经常有意识地找她闲谈;让她做数学课代表,便于与她多接触、多了解;课上从不批评她,一有进步,就在同学们面前表扬她。渐渐地,小梅开始喜欢和我接近了,有时和我说说家里的事。

有一次班级举行演讲比赛,为了给小梅一个锻炼的机会,小组同学一致推荐小梅。在老师和同学的鼓励下,小梅表现得很好。领奖台上,她第一次在同学们面前露出了开心的笑容。这次演讲,让小梅重新认识了自己,她以此为起点,学习成绩有了很大进步。

除了在班级激励小梅树立信心之外,我还与小梅的父母一起,详细地分析小梅在学校和家里的表现及原因,商量解决孩子不良心理状况的办法。我建议家长选择适当的教育方式,为自卑的小梅提供表现的机会,如家里有客人来,让她为客人倒茶、递烟等,鼓励她与客人交谈;同时,适当地让孩子做家务,提高孩子的自理能力,从家务劳动中锻炼她与家人交往的能力;等等。

通过近一年的努力,小梅有了很大的变化,下课主动与同学交往、做游戏,上课积极举手发言。家长也反映她在家里乐于把班级发生的事讲给父母听,并主动做家务。

从小梅的案例中,我体会到,很多女生容易产生自卑心理,往往是因为缺少自信,教师要教育疏导女生,不管自己有再多的不足,都不应该失去信心,因为"有信心等于成功了一半",而一旦失去了信心,就会一事无成。

点点思雨

有一种说法:越是小心地呵护孩子,孩子就越脆弱,对于女孩来说尤其如此。这种说法也许有些偏颇,呵护本身无罪,关键是呵护的方式是否得当。教的本质要求我们不仅要帮助女孩子克服自卑心理,树立自信,告诉她"天生我材必有用",还要培养女孩子坚强的性格,让她勇敢地面对一切考验,同时让孩子知道,自己有存在的价值,更要有人生目标,并且有能力做好一切。信心,会让女孩子释放出一种"巾帼不让须眉"的潜能,将为女孩成长为出色的女性打下坚实的基础。

(刘振远 河北省承德县特教学校)

"乖乖女"不是"柔弱"的代名词

班上的"乖乖女"然然又一次哭着鼻子向我告状，说她的同桌又欺负她。看着委屈可怜的然然，又想到了班上常被调皮男生欺负的文静女生莹莹和静静，我不禁为"乖乖女"的柔弱而担心。因此，这一次，我决定不按常规套路出牌。

我来到教室，佯装生气，故意霸道地宣布："如果谁再没事找事欺负人，我一定会亲眼看着被欺负的同学加倍欺负他。我的'乖乖女'们听好了，我就是你们的靠山。谁再欺负你们，你们不要怕。他打你们一下，你们就打他两下。他若再还手，告诉我，我给你们撑腰，我坐镇看着让你们把他打个够，看他还敢不敢再欺负人。那几个调皮捣蛋的男生也听好了，你们信不信我说到做到？"此时，我看到柔弱的"乖乖女"们昂起头笑了，调皮的"嚣张男"们低着头笑了。

呵呵，还真有以身试"法"的挑战者——然然的同桌又欺负她了。不过，这一次柔弱的"乖乖女"没有哭鼻子，而是开始动手反击，尽管暂时吃亏的还是然然，但我会还她一个公平。

我让然然把同桌请到办公室，先让他述说事情的经过，并分析自己的行为，他自觉地承认了错误，并甘愿受罚。我说："然然，使足了劲儿，狠狠地打他几下，把你曾经的委屈都还回去。"然然却显得有点不好意思，在我的极力"教唆"下，她手握空拳，往同桌的胳膊上轻轻地捶了两下，就停了下来。

我故意煽风点火："然然，你咋不用劲打呀？怨气出了？"然然点点头。

我又故意问她的同桌："她打得疼吗？"他说："不疼。""你觉得她用劲儿打你了吗？""没有。""你认为她为什么不用劲儿打你？"这一次，他的头真的低下来了，一脸的不好意思。

我趁热打铁，说："同学之间本应该团结友爱，互相帮助。你作为一个男子汉，无端欺负女同学。就这，然然都不和你一般见识，都舍不得用力打你，你不觉得欺负女同学有失男子汉的尊严吗？"

他的脸红了，诚恳地说："老师，我错了，以后我再也不欺负然然了。"我说："我相信你，但你还要问问然然是否愿意原谅你。"

他又对然然说："然然，对不起，以后我再也不欺负你了，你能原谅我吗？"然然点了点头，他诚恳地说："谢谢然然！"

借助这件事，我再次对男孩、女孩们说："做人要讲原则：人不犯我，我不犯人；人若犯我，一'让'，二'忍'，三'反击'。同学之间更要相互关爱。男生不仅不能欺负女生，还要保护女生，这才是真正的男子汉。但是，女生也不能仗着老师为你们撑腰而欺负男生，要做一个会保护自己的文静淑女。小绅士、小淑女，能做到吗？""能！"震耳的回答响彻教室。

全班同学都笑了，看着那一张张灿烂的笑脸，我也会心地笑了。

每当看到班上的"乖乖女"被欺负，都不免为她们的柔弱而担心，担心她们没有自我保护能力。所以，我不止一次地思考这样一个问题：如何让"乖乖女"不再是"柔弱"的代名词？如何让"乖乖女"学会保护自己？经过多次思索与尝试，我发现这种看似"以暴制暴"的非常规出牌，反而能出奇制胜，让"嚣张男"变得绅士，让"乖乖女"不再柔弱，同学之间的矛盾少了，班级气氛也和谐了许多。更重要的是，学生学会了尊重他人，保护自己。

（李巧枝　河南省郑州市中牟县新圃街小学）

点点思雨

羞答答的玫瑰自信地开

升入初二以来，男孩们变得越来越优秀，主导了班级课堂和各项活动。他们上课举手积极主动，回答问题声音洪亮，课下也比较活跃，打打口哨，掰掰手腕，说说笑笑，玩玩闹闹；学校组织歌咏比赛、朗诵比赛、春秋季运动会等，他们都很积极踊跃地报名参加。眼看着小树苗齐刷刷地成长，做班主任的我不禁喜上眉梢。

俗话说，有喜必有忧。可不是，课堂上，男孩子高高举起的小手成了独特风景，而女孩们一反初一时与之必争胜负的自信之态，总是如羞答答的玫瑰静静地开。不到万不得已，她们就是不举手，即使被老师叫起来回答问题，也是扭扭捏捏，声音细若蚊声；学校组织各项活动更是如此，任凭文体委员多次动员，女孩们也不会主动报名，比如秋季运动会，男体委气得哇哇叫，女孩们绕开走，也不愿主动参加。

另外，我发现她们开始三三两两地低声耳语，一颦一笑间流露出神秘的样子。后来，我发现班级开始传小纸条，从娟秀的字迹判断就是女孩写的，看看内容，往往是一些朦胧的爱情诗之类的文字。渐渐地，我发现有些女孩子偷偷涂指甲，有的涂成淡淡的红，有的居然涂上黑颜色；有的女孩子悄悄打耳洞，在胳膊上画一些图案；有的还在校服的一角悄悄弄上个性签名。瞧，女孩子的青春期来了，她们的心思过多地被青春期朦胧的性别意识吸引，用到学业和活动上的自然便少了，于是出现了躲避和怯懦的反常情形。她们只愿和闺蜜交流，而不愿意当众表现自己了。

周一班会课，我让男孩子去楼下打篮球，把女生留在教室里，准备给她们开个女生会议。我先请生物老师给大家讲青春期知识，对女生在青春期所面临的各种困惑进行释疑。之后又从女生的服饰、行为、举止、人际交往等方面给出了有益建议，让女生们理解美的真正含义。一方面，我告诉女生，外表的美，不是涂个红指甲、扎个耳朵眼、弄个个性签名，而是清纯、整洁、自然、健康和活力；另一方面，也让她们明白个人的魅力更需要优秀的学业和品质来支撑。"人不是因为美丽而可爱，而是因为可爱而美丽。"

这次会议，犹如一场及时雨，浇灌在青春期女孩含苞待放的花朵上。她们静静地聆听着老师的讲话，由于心理变化而郁结的羞涩和胆怯慢慢消除，美丽的粉红花瓣如蝴蝶一般渐渐舒展，开成大朵大朵的玫瑰花。

之后的日子，早读时间我安排女生领读国学经典；课堂上，我注意调动女生的学习热情，组织她们讨论，让她们大胆地发表看法；学校组织歌咏比赛、演讲比赛，我也鼓励女生和男生一起上台展示自己。女孩子的心思是细腻的，当她们有了问题，我总是悄悄提醒，时而帮她们整理整理衣角，时而拉住她们的手，消除她们的恐惧感。

经过半学期的努力，女生由幼稚走向成熟，由羞涩走向落落大方。每当班级有展示活动，她们敢于走上讲台，或高歌一曲，或发表演讲，或与他人辩论，自信而又大方；她们对生活充满希望，对未来充满憧憬。羞答答的玫瑰尽情绽花吐蕊，自信地开放在美丽的校园里。

> 青春期的女生，随着性别意识和自我意识的增强，变成羞答答的玫瑰，她们敛起即将开放的美丽花苞，小心翼翼地包裹着自己。有的女生越来越关注自己的容貌，唯恐开放得不美，遭人耻笑。班主任是智慧的园丁，要理解女生美丽外表下隐藏的脆弱和自卑，经常关注她们的心理健康，用专业知识帮助她们认识青春期的困惑，用智慧的方法鼓励她们绽放自信的花朵，在生活中尽情展示快乐迷人的风采！
>
> （陈艳华　河北省秦皇岛市经济技术开发区第一中学）

微笑：走出阴霾的法宝

在七班有这样一个女生：个子很高，但是长得胖胖的；圆圆的脸，细细的眼睛，脸蛋上还布满了雀斑。刚来到班级的时候她并不是非常引人注意，也非常安静地和周围的同学相处。但是上课时她常常发呆，不注意听讲，也不喜欢笑。周围的女孩子们都已经叽叽喳喳地打成一片，可是她只是默默地注意着她们，从来不上前凑热闹，更不用说和其他同学打打闹闹了。周围的同学对她也保持着陌生的距离。

有一天是我的语文课，我提了一个非常简单的问题，请她起来回答，可是她站起来之后不知所措，支吾了半天终于说出了几个字，但根本和我的问题不沾边。同学们"哗"的一声就笑了，一边笑还一边小声地议论："想什么呢？真是笨啊！""溜号了，溜号了……""这么简单的问题都不会，回家做什么了？"她在同学的窃窃私语中脸烧得通红，我感觉到她恨不得找个地缝钻进去。我并没有责怪她，提醒她要注意听讲，然后就让她坐下了。下课之后，我把她叫到教室外面，私下里问她为什么上课没注意听讲。我的态度不是很严厉，甚至采取了很温和的语气，可是没想到这个女孩子竟然吓得浑身发抖。我于是换了一个话题："你下课怎么不和同学们一起活动呢？"她又支吾了半天，最后说："不爱运动。"我不好再说什么，就让她回去了。

晚上下班以后，我给她妈妈打了一个电话，说明了一下情况，她妈妈在电话的另一头很着急，并且把她小学的事情和我说明了一下。原来她在小学五年级的时候，有一次在学校的单杠上玩，被同学故意从上面推了下来，摔掉了两颗门牙，从此留下了心灵上的阴影，对同学有一种疑惧感，对老师有一种畏惧感，对体育课和运动有一种恐惧感。了解到这样的情况后，我恍然大悟，怪不得她上课发呆，原来是心灵上的创伤还在隐隐作痛啊。

从那以后，我一有时间就找她谈谈心，了解一下她当天都做什么了，认识了哪些新的同学，鼓励她要学会克服困难，勇敢地表现自己。渐渐地，我发现这个女孩子开始融入大家了，下课也和一些女孩子在一起说说笑笑，上课也愿意举手发言了……

她妈妈在那段时间不断地打来电话，言语中隐含着一种兴奋的感觉，她说她的女儿以前从来不喜欢和她沟通，现在一到家就嘻嘻哈哈地和她说班级里都发生了什么事。她认为是班级改变了女儿孤僻的个性，因此非常感谢学校，非常感谢班级。我也从中体会到了一种成就感。

能帮助一个有心理阴影的学生走出不愉快的往事，使我第一次体会教师这一职业的神圣和光荣。

> 作为一名老师，对待比较"反常"的学生，不能一味地暴力批评和指责，要有耐心，弄明白事情的根本原因。要帮助他们改掉不良的学习习惯，帮助他们树立正确的人生观、世界观，鼓励她们自信、勇敢、乐观地面对生活。
>
> （郭　笛　黑龙江省哈尔滨市第三中学）

女儿有泪不轻弹

人们常说:"男儿有泪不轻弹",似乎落泪是女儿的专利。在教室里,我经常看到小女生哭哭啼啼,为鸡毛蒜皮的事就哭得悲痛欲绝,涕泗交流,眼睛红肿红肿的。

为什么女生就爱落泪呢?我多么希望女生能坚强一些,大度一些,做到"女儿有泪不轻弹"啊!

我该怎么办呢?我找到我们班里最爱哭的晓静跟她聊天。通过交谈,我了解到,晓静姐妹三人,全家除了爸爸全是女性,晓静的爸爸自己开公司,不能经常回家,晓静的妈妈一手把三个孩子带大,个中艰辛只有晓静妈自己知道,她经常偷偷地抹眼泪。也许是受妈妈的影响吧,晓静少言寡语,遇到事情也很爱哭。

我问晓静:"你哭了,事情解决了吗?"

"没有。"晓静摇摇头。

"那你能遇到问题先不哭,先解决问题吗?"

"能。"晓静点点头。

"那咱们两人约定,今后不许动不动就哭,有话说话,有事说事,就是不能哭,行吗?"

"行。"晓静痛快地点点头。

为了帮助晓静学会解决问题,我们开展了团队活动。当同学们五人一组进行分组的时候,晓静落单了,她的嘴一撇,又要哭了,我的心立刻揪了起来,怎么办?我默默地祈祷:晓静不哭。也许是想到了和我的约定,晓静突然大喊:"还少四人,快!快!"这时,其他几个落单的同学纷纷跑了过来,还差一个,晓静叫我:"李老师,李老师!"我赶快跑过去,和晓静紧紧地抱在一起。接下来的分组很顺利,晓静学会了抢得主动权,恢复了自信,欢笑始终挂在她的脸上。

看到晓静的变化，我主动打电话告诉她妈妈。她妈妈很高兴，我同时提出了一个要求：在家庭中，不要当着孩子们的面哭泣，做个坚强的妈妈，给孩子们作个表率。晓静妈妈同意了。当然，一个家庭中缺少了父爱不是一个完整的家庭，父爱如山，要让女儿们感受到父亲的坚毅、果敢、宽容。为了更好地培养晓静，我再次打通了她爸爸的电话，告诉他，无论多忙，每天尽量回家，要留出时间与家人团聚，要陪伴孩子成长，父亲的作用是任何人替代不了的，孩子们能否成长为具有健全人格的人，父亲责任重大。晓静的父亲答应了。

这年国庆节，晓静爸爸带领全家外出旅游，看到他们一家欢天喜地地拍照、游玩，我很高兴。

现在，晓静不哭了，即使是受了委屈。她懂得了倾诉，学会了倾听，找到了有效地解决问题的办法，她知道除了哭，有更快乐的事情值得做。

那天，演课本剧，晓静读旁白，可是她读错了。嘴快的小坤毫不客气，当众批评晓静。晓静非但不哭，反而笑了笑，说："对不起。"接着，她重新读了一次，我笑了。表演结束，大家向她报以热烈的掌声。

看来，流泪不是女生的专利，做个坚强的女生，女儿有泪不轻弹，不是很快乐的事情吗？

> 当了20多年班主任，见到的爱哭的女生不计其数，如何教会女生做一个坚强的孩子呢？我曾经想过很多办法，有的有效，有的无效。除了在学校开展活动锻炼女生外，家庭教育也十分重要。我教过的单亲家庭的孩子，女孩内向、爱哭；在家庭暴力环境中长大的孩子胆小、爱哭；留守儿童自卑、爱哭……如此种种，可以说，家庭教育对塑造孩子的性格起着极大的作用，要培养孩子乐观的性格，班主任必须与家长携手。晓静只是这些孩子们中的一个，她的转变正说明了这一点。
>
> （李学珍　北京师范大学青岛城阳附属学校）

呵护孩子头顶的露珠

蓉是个活泼可爱的小姑娘,每次喊她的名字时,我就会想到一首歌——《我不是黄蓉》。可是,此蓉非彼蓉。她天性乐观,总是对老师和同学笑脸相迎,说起话来嗲声嗲气,加上妈妈对她的精致装扮,她真像位甜美的小公主。

更难能可贵的是,蓉充满活力,追求上进。学校的文艺表演、体育比赛、书法展览、写作交流等活动,哪一项都少不了她活跃的身影。当然,这一切都离不开蓉妈妈的大力支持。

然而,如此一位内外兼修的花样小美女,也有令她的深明大义的妈妈不满的时候。

事情源于最近的一次单元测验,一道简便运算题的失分,导致蓉只考了76分。这个成绩若是从班级整体情况来看,处于中游,并不算差的,但对于她那"望女成凤"的妈妈来说,却成了"致命的打击"。

试卷发下去,我照例让学生先订正错题,再写上自己的反思,为本单元的学习作出及时的总结,最后请家长签上字(此举既可以让家长督促学生养成良好的学习习惯,又可以让他们了解孩子这一阶段的学习情况)。

结果,那天我正在评讲试卷时,蓉所在组的组长汇报:"老师,蓉的卷子碎了。"刚听到这消息,我根本就没往心里去,只轻描淡写地叮嘱:"碎了啊,那要粘起来啊,下次小心点。"蓉死死地蒙住试卷,马上低下头小声地说:"已经粘好了。"

蓉的反常表现让我心生疑惑。我一边讲解试卷,一边转到蓉的身旁,发现她的试卷用透明胶粘得严严实实,连订正的地方都难找到。我嗔怪道:"你看,卷子在老师面前不管放多久,都不会碎,怎么到你面前只一晚就'五马分尸'了?"蓉的脸涨得通红,她一声不吭。同桌浩然突然嚷道:"是被她妈妈撕的。"蓉的头垂得更低了。

我白了浩然一眼:"就你嗓门大。"转而轻声问蓉:"是不是因为你这次没考好?"蓉眼圈红红的,冲我点头。我不再多说,让她把做错的地方仔细看看,再认真写反思。蓉忍住眼泪,用心地写起来……

这节课后,趁孩子们整队做课间操的间隙,我踱到了蓉跟前,牵着她的小手询问试卷订正情况,我说:"你妈妈在乎你的学习成绩没错,但态度有些急躁。这次幸亏还能粘起来,否则,你拿什么来交给我?下次见到你妈妈,我要说说她。"听到这,蓉马上抬起头看着我。我话锋一转:"不过,你今后要多努力,用实际行动证明给妈妈看——我是最棒的,给自己争口气。事实上,你在很多方面都很优秀的。"蓉的眼神旋即亮起来,乖巧地冲我直点头,还不忘甜甜地送上:"安老师,谢谢您!"我轻轻地摸摸她的头说:"不用谢,别忘了,我是你的'学校妈妈'呀!"

蓉笑了,我也笑了。阳光下,我们俩的笑容相映成辉,凝固成校园里最美的一道风景线!

苏霍姆林斯基说过:"学生的自尊心是一种非常脆弱的东西,对待它要极为小心,要小心得像对待一朵玫瑰花上颤动欲坠的露珠,因为在要摘掉这朵花时,不可抖掉那闪耀着小太阳的透明露珠。"

蓉,一个活泼可爱、勤奋上进的小姑娘,就因为一次数学测验的失利被妈妈"否定"了。从她低头的一瞬间,我读到了:她因妈妈的责难而伤心,害怕同学的轻视,担忧老师的批评。于是,我通过一系列的谈话和安抚,极为小心地呵护蓉头顶那颗颤动欲坠的露珠,让她继续做一朵怒放的玫瑰花!

(安明星 安徽省芜湖市无为县北城小学)

愿你心中的花朵盛开如云

我注意到那个刚刚走进教室的女孩婷，她好像刚从另一个世界走进来，一脸的阴郁和默然，一如往常。

说不上肌肤胜雪，明眸皓齿，但她确实白净清秀，素齿朱唇，尤其在宽大素净的衣服下显得有点楚楚动人，只不过她那毫无生气的面容极易让她的美埋进衣服里。

是什么不动声色地拿走了她含苞待放的豆蔻年华该有的朝气蓬勃和生机盎然？

随着想象无穷无尽地扩散，我的疑问像迷雾般升起，越来越多。

我开始悄悄关注她。

在一次家长会后，代表她家长的姑姑专门留了下来，说要与我单独聊聊，还特意等到最后。

她姑姑简单介绍了她的情况：她妈妈当初与她爸爸分手后执意要去外地打工，不想一去杳如黄鹤，和所有人都不再联系。她那所谓"喜新厌旧"的爸爸另组了新家庭，还有一个让她百看不顺的小弟弟。自那以后她常常把自己关在房间里，谁都不见。学业优秀的她，每天无精打采的样子和垂头丧气的表情，令人揪心和焦虑，她姑姑担心她从此会封闭自我。于是，她姑姑决定不顾她的警告和反对，向我这个班主任透露了她的这个家庭秘密。

与她姑姑聊完后，我心里有底了。

在布置每周固定摘录两条励志名言时，我规定了主题：要结合克服困难和逆境的话题。

"困难，只是弱者越不过的一道沟。"

"悲伤也是无意义，只会让人更疲倦。"

在她的成长日记里我看到了上面的摘录，于是我在下方写道：

"明者因境而变,智者随情而行。学会在逆风中飞翔,学会在逆境中成长!"

接着我让学生上网了解贾静雯,以及阅读杨澜专访她的文章《放下,亦是一种开始》。但是在完成任务前,我专门为他们播放了一张杨澜与贾静雯等的合影。那张照片里,贾静雯依旧巧笑嫣然(连现场的"90后"都忍不住赞叹真美)。在那张幻灯片里的合影旁我附上了这样的文字:"人生路上,要学会善待他人,也要懂得善待自己。善待他人,可以让人生走得更远;善待自己,可以让生命活得滋润。无论是善待谁,其实都是温暖在流转,都是爱在延宕,最终,施及别人,惠泽自身。"

接下来的那周刚好是父亲节,我让学生写一封信来感谢一下他们的爸爸。在后来她爸爸给我看的信中我读到了这样一段话:"孔子曾经对他的学生们说过,孝敬父母什么最难,是'色难',就是不给父母脸色看最难。如果你流露出你的蔑视和不耐烦,这种孝心就是不到位的,因为这会让父母很不安心。爸爸,我一定先从改变对你的脸色开始新生!"

"为自己是个好女孩喝彩!……愿我的祝福揉进你的心田,愿你心中的花朵从此盛开如云!"这是我发给她的短信。

点点思雨

家庭变故对孩子的杀伤力很大,女孩婷从此无法接受父母和自己。我想告诉她:"人生的旅途很远,也很暗。然而不要怕,不怕的人的面前才有路。"根据学生追星的心理特点,我从杨澜主持的《天下女人》的视角向他们推荐了贾静雯,目的不仅是要他们向贾静雯那样学会在逆境中成长,而且欲以此为契机让他们继续去关注《天下女人》里的优秀女性,并向她们学习,同时暗示学生:我们无法评价父母和他们的生活,但感恩父母依旧是不变的主题!

(林云芬 福建省霞浦县第六中学)

我看到了她内心的欢腾

涵微,一个很美的名字。初识涵微,我发现这个女孩的体貌特征把"微"字诠释得淋漓尽致——一张小脸,微型的,很黑;极小的眼睛,躲着你的眼,看不到应有的光芒;薄薄的嘴唇翘了半天,最后还是没有喊出"老师好"。涵微总是默默无闻,课堂上几乎不发言,课间也没有同学去关注她。

改变,来自涵微日记上的一句话。

一天,一篇日记上的一句话,让我很惊讶:"你们总是看不到坐在角落里的那个小小的我。"我赶紧翻到封面,是涵微的日记。涵微的这句话震撼了我。是呀!什么时候我们能真正"看到"那个坐在角落里的小小的她呢?

我表扬了涵微的这句"自白",也号召所有的同学平时要把自己心里的所思所想及时地表露出来,几个学生带头使劲地鼓掌。我看见涵微终于笑了,羞羞答答的,煞是可爱。

涵微开始大胆了一些,上课时会悄悄地举手,可等我眼睛扫到她时,她又迅速地放下,并赶紧垂下头;偶尔也能发现她出现在办公室门口,但当我起身时,她却悄悄地跑开。我有意安排她担任小组长,可她无论如何不肯答应;班级里展出她的一幅画作,可不知什么时候已经被她弄脏了;选中她参加舞蹈排练,可她不知什么时候脚踝崴了……我比较纠结。

突然想起了涵微的那句告白,何不给涵微布置一些日记、作文。

小影认为涵微的这句话让她非常有感触:"溪边的野菜,你虽微不足道,没有人注意你,但你的根却深深地扎进泥土,努力地吸收营养,溪水的滋润,阳光的照耀,让你的绿色异常诱人。"

小慧说涵微这段文字太精彩了:"你好!蝴蝶,在花丛中飞来飞去，在采蜜吗？嗨！小蚂蚁，最近忙些什么呢？冬天的食物准备好了吗？你好，音乐家蟋蟀，你演奏出来的音乐是多么的婉转、动听啊！"

小航觉得涵微的这句话很有哲理："高山无语，大爱无言！泉水最清，师爱最真！"

……

在涵微的精彩文章鉴赏会上，大家惊奇地发现涵微的文笔如此精彩，那些流淌出的语句让大家惊叹不已，字里行间透露出的淡淡的思愁令人心酸，那些流畅的文字如歌般悦耳，涂抹在语句上面的智慧更让人折服。

涵微彻底释然，她动情地朗诵了一段自己最满意的文字："我喜欢雪，表弟从北方给我寄来了一瓶雪花。现在，那瓶已化成水的'雪'，我一直珍藏着，因为我知道，那是一份浓浓的爱，是甜的，是热的！"深情的朗读，博得了同学们阵阵的掌声，涵微如花般的笑靥掠起一丝绯红，同学们突然发现涵微也很美丽。

课后，我给她讲了台湾作家三毛的故事，希望她能做另一个三毛，从她惊讶后的一脸欢喜中，我看到了她内心的欢腾。

全校作文大赛，涵微荣获一等奖，那一刻，她主动地扑入人群中，所有的女同学把她抱了起来。

点点思雨

别人的眼光由你决定，你若自信，外界便是一片阳光；你若自卑，外界自然天昏地暗。外界的认可度，源自一个人的自我接受程度。一个外表美丽的女孩，往往因得到更多的关注、认可而变得自信、阳光。而一个其貌不扬的女孩，往往因为得不到关注而日益消沉。可她内心却更加渴望得到认可和关注，虽外表冷漠，却内心狂热。作为教师，需要不断地鼓励、撞击学生内心的渴望，挖掘她身上的亮点，创造机会让她收获不凡，搭设平台让她展示精彩，点燃她自信的火焰，让她绚丽绽放。

（林志超　浙江省苍南县龙港潜龙学校）

提供话语平台治愈优秀女生的"失语症"

小汤是一个学习成绩非常优异的女生，但我总发现她眼神有些黯然，眉头微微皱起，整个人一副心事重重的样子。我问她有什么心事，然而她却总不肯跟我透露什么。

有一天，小燕和小婷跑来告诉我说："潘老师，昨天晚上小汤在寝室里说自己都有想死的心了。"听她们这么说，我大吃一惊，连忙问怎么回事。原来小汤虽然学习成绩优异，但性格内向，不善与同学交往，无论什么时候，只要是在集体活动中，她都觉得自己是个局外人，从不敢主动参与。久而久之，孤独、寂寞、渴求而又自卑的情绪交织在一起，使她与同学们交往时渐渐"失语"，她也因此有了些抑郁的症状。

弄清楚缘由，我想起正好要举行家长会了，何不给小汤一个机会，让她在家长们面前露露脸，介绍下学习经验，借此来改变她的现状呢？

于是我和小燕、小婷密谋起来，决定给小汤一个惊喜！

下午放学时，我对学生们说："马上就要开家长会了，班团干部们也已经设计好了家长会方案，但方案中向家长介绍学习经验的同学一直没有敲定，现在我们来商议商议。"

学生们一下子议论开了，我朝小燕和小婷使了使眼色，她们两个马上站起来把小汤推出来，并阐述了推荐小汤的理由：一是成绩优秀，是大家羡慕的对象；二是学习品质好，是大家学习的榜样；三是人品好，是大家追求的目标。同学们纷纷举手表示同意。小汤没有想到有同学会推荐她，起初还有些惊慌，但是随着同学们的不断附议，她的眼睛渐渐明亮起来。

我暗地里为小燕和小婷竖起了大拇指，原来她们两个早就跟其他同学打了招呼，大家都很默契地在鼓励和夸赞小汤，让她感受到了同学们对她的信任，感受到了班集体对她的接纳。

之后，小汤在小燕和小婷的帮助下，积极地准备家长会发言，几次修改了发言稿，因为准备充分，小汤在家长会上的发言多次获得家长们的热烈掌声。发言结束后，小汤的双眼放出愉悦的光彩，脸颊也因为激动而变得红润，整个人也显得有精神了。

更让我意外的是，从这以后，小汤积极参与班级活动，她开始担任小组长，热心设计小组的名称、精神、口号，积极处理组员之间的矛盾，在学习总结会上大胆指出小组的优点和不足。一段时间后，她又在班团干部换届选举上主动竞选班长一职，虽然没有成功，但她依旧成为了班级委员会成员之一，参与班级管理。

总之，用同学们的评价来说："一个抑郁、不说话的小汤消失了，一个热情、活力四射的小汤诞生了！"

> 教育教学中，我们往往只关注学生的成绩，而忽视了学生的心理。而女生的心理，较男生来说，更为敏感，更需要老师的体察。当我们只关注成绩时，往往忽略了优异成绩背后的心理需求。而心理需求得不到满足，很可能使所谓的优秀女生在班级生活中患上"失语症"，走向抑郁。而治愈"失语症"的最好办法就是给她提供一个说话的平台，让她在这个平台中获取说话的成就感，实现自我价值。
>
> （潘雪陵　湖南省长沙市第二十六中学）

不做搬家的猫头鹰

上了七天课，再上两节就要放国庆长假了。孩子们个个乐不可支，心儿早飞到家里了。在这人心浮动的时刻，我准备去看看他们。刚到二楼，我看见一个女孩子，捂住脸，从我班教室里飞快地跑出来，一边跑一边气冲冲地说："我回家去，再也不来了。"

这个叫甜甜的女孩是插班生，她的名字寄托了奶奶对她的期望，然而她的身世却比黄连还苦。记得开学那一天，衣衫褴褛的奶奶带着她，央求各班班主任收下她。每个班主任对这位来历不明的学生都不感兴趣，怕她成为一颗定时炸弹。当泪流满面的奶奶来到我身边，像祥林嫂一样开始叙述这孩子的不幸遭遇时，我再也忍不住自己的眼泪，毫不犹豫地收下了这个苦孩子。这一个月来，她除了学习很吃力外，没有什么异样的举动，怎么会突然不想读书了？

"甜甜，你怎么了？"她冲出来时没有注意到我，在她从我身边擦过的那一刻，我抓住了她的手腕。

"放开我，放开我。"她拼命地挣扎，我死死地抓住她，不让她离开我，也不给她留下后悔的机会。可是她却泄愤似的踢我。

我忍着身体的疼痛，任由她踢打，怜爱地看着她。

班上的同学从教室里探出头，看发怒的甜甜，我用眼神制止了他们。

她发泄了一会儿，累了，颓然地平静下来。

"孩子，你怎么啦？你这个样子，老师很担心你。"

"老师，他们都讨厌我，我不想再见到他们丑恶的面孔。"我的柔情没有化解她心里的怨气。

"被人讨厌是一件很难过的事情，老师理解你的感受……"

"就是嘛，因为我是孤儿，是没人要的孩子，他们就欺负我。"甜甜不等我说完，就哽咽起来，眼泪刷刷地流。

不是我袒护其他同学，当他们知道甜甜的身世时，都争先恐后地帮助她，怎么可能为此而排挤她？不用说，自卑易怒是引发矛盾的主要原因。怎样说才不伤害她那颗敏感的心？我试着给她讲故事：一只猫头鹰为了让人们能喜欢它，不停地搬家。可是它每到一个地方还没有高兴地唱一天歌，人们就开始用石头撵它走。它非常痛恨人类不能容忍自己的声音，停在树枝上大哭。斑鸠知道后，劝它说："只要你改变自己的缺点，不论在哪儿都会受欢迎。"

听完我的故事，甜甜陷入了沉思。

"孩子，怎样成为一个受欢迎的人？"

"改正缺点，不断完善自己。"故事触动了甜甜的心灵。

"真是个好孩子，老师为你能有这样的认识而骄傲，希望你成就最好的自己。"我夸奖道。甜甜羞涩地笑了。

"你还要回家吗？"我温和地问。

"不了，老师，我错了，我不会再做搬家的猫头鹰！"甜甜斩钉截铁地回答。

看着她信心满满地走向教室的身影，我长长地舒了一口气。

> **点点思雨**
>
> 告状是小学女生解决矛盾的首选方法。发生矛盾时，她们不是先从自身找原因，而是寻找他人的不是，只要别人有一点错误，她们就会将其扩大无数倍，作为自己告状的理由。进入初中，女生告状的情况有所缓解，但青春期的女生特别敏感，班上会时不时出现像甜甜这样冲动易怒的孩子，为此我困惑了很久。于是我抱着试一试的心态给甜甜讲了一个故事，不想结果让人惊喜万分，不失为教育女生的有效方法。
>
> （何秀芬　四川省江油市西屏镇初级中学校）

女孩，请珍爱你的生命

那是一个冬日的周六，我正在舒适地享受着温暖的阳光。一个同事急匆匆地跑来告诉我说："你们班的李希今天割腕自杀，现在正在卫生院抢救！"我吓了一大跳。

在卫生院里，我见到李希脸色苍白，左手腕缠着纱布，正躺在病床上打吊针。李妈妈说，那天吃过早饭后她就出门去收电费，中午回家时，却发现门被反锁了，她只好借来梯子从楼上进了屋。在孩子的卧室里，她发现孩子正蜷缩在床上，左手全是血，一把水果刀放在边上，床头柜上还放着一张纸，上面写着："我没有偷那100块钱，我是被冤枉的。"她吓得不行，赶紧请人帮忙把孩子送到了卫生院。

我一方面很心痛，一方面很纳闷：平时活泼开朗的李希，怎么会割腕自杀呢？李妈妈和另一名妇女把我拉到一边，告诉了我事情的经过。

原来妈妈出门后，李希就收拾家务做作业。不久，邻居小倩来请她玩，两人就在小倩的房里聊天。后来，小倩奶奶说，她放在抽屉里的100块钱不见了，小倩从来不乱拿东西，肯定是李希拿走了。李希伤心地回了家，却依然听到小倩奶奶在屋外大声骂"姓李的不要脸，生出女儿来做贼"之类很难听的话。突然遭受这样的污蔑、辱骂，却又无处诉说，李希悲愤之极，做出了傻事。而小倩奶奶后来换衣服时却发现那100块钱在口袋里。刚回到家的小倩妈妈知道了真相，也匆忙赶到卫生院。

看着楚楚可怜的李希，我心里真不是滋味，多可怕啊！

周一上午，李希在妈妈的陪同下回到了学校。我询问了她的伤情，对她说："这件事真的太让你伤心了。但无论如何被冤枉，你都不该那么做呀。你可以找家长、找老师，我们会帮你讨回公道，还你清白的。"

"我当时太生气，太无助了。她冤枉我也就算了，居然还骂了我爸妈。我只觉得天都要塌下来了。"李希含着眼泪说。

我帮李希擦掉眼泪，说："我听说小倩奶奶是你们那里有名的泼妇，她的素质低是她的错，我们不能用她的错误来惩罚自己。生命是父母给予我们最好的礼物，它能为家庭创造无穷的价值，带来无限的幸福，但它的失去也会给家庭造成极大的伤害。我们要尽力为家庭作贡献，避免带来伤害和损失，尤其不能把自己的生命作为惩罚他人错误的牺牲品。这次的事，让你妈妈多紧张多害怕呀！你的冤情总会得到澄清的，但生命如果失去，就永远找不回来了。"

"老师，我让你们都这么担心，我太不应该了！"

"你不必愧疚，只是要吸取教训。人生中会遇到很多挫折，但还不至于要我们的命。我们一定要学会保护自己，给自己加油！"

"老师您放心，我以后再也不会轻视自己的生命了！"

青春期的孩子是敏感冲动的。相比于男孩，女孩的自尊心更强，心理承受能力却更弱。生命的重要性到底有多大，孩子往往还难以理解。当孩子面临大的挫折时，如何勇敢面对、正确化解就成了重要问题。作为教师，我们应该对孩子们，尤其是女孩子们进行生命安全教育、心理健康教育，同时，多主动关心她们，充分赢得她们的信任，成为她们无助时的依靠。生活中有很多素质低的人，我们要教会女孩子不与素质低的人计较，不要用他人的缺点来惩罚自己。

（宁解珍　湖南省隆回县九龙学校）

珍惜当下是最好的结局

在学校的助学金评审中，我发现每年总有几个爹死娘嫁人的孤儿，让人掬一把辛酸泪！那些因为是女娃而被抛弃的孩子，更让我心痛不已。

青松，一个长相秀气的高一女孩，留着齐耳短发，穿着朴素干净的衣服。这孩子从小不知道爹娘是谁，16年前一个78岁的老汉在路边捡拾了襁褓中的她，从此她便有家了，但这是怎样的家啊：老人的儿子50多岁了，还打光棍，智力低下，娶不上媳妇。青松被爷爷一天天喂大，那个呆傻的爸爸也慢慢喜欢上了老人怀里的女娃儿，竟变得明白了些，开始记得这个女孩是他的女儿了。就这样，这个家有了爷爷、爸爸、女儿三个角色。

女孩长大了，她爱自己的爷爷和爸爸，开始时没觉得自己的家和别人的有什么不同，但后来她作为女孩的秘密没有母亲可以诉说，她家的物品多是大队和镇里救济的，村民看她的眼色有点怪，她明白了自己的不同。后来听爷爷说出了自己的身世，当时襁褓里留了纸条，说是她亲生父母因为想要儿子，连着生了四个都是女娃，不得已丢弃了她。她可以接受贫困，但不能接受被遗弃，女孩有罪吗？她痛哭了一场。

我忽然明白了为什么青松在班会上一谈到感恩母亲，谈到女孩被遗弃就那么激烈地辩论，一反平时的温顺模样。有时她又表现得很强悍，她和男孩子一样踢足球，很猛。这次助学金申请竟写了满满三页纸，多处字迹模糊，那分明是泪痕。

说出来就轻松了。我和她谈心，先说起自己小时候因为家里孩子多，没钱买细布做衣服，穿的都是母亲织的粗布，被邻居大婶嘲弄的事情。她听得很入心，感觉与我亲近了许多，她也很自然地和我聊起了自己的家庭，说是爷爷给了自己生命，她长大了会好好报答爷爷，还要照顾好爸爸。我注意到了，这孩子很孝顺，丝毫没有嫌弃年迈的爷爷和呆傻的爸爸，这是多么难得啊。

说到自己的母亲，孩子眼里满含委屈，泪珠转了几转还是淌了出来，"我恨他们因为我是女孩就不要我，如果不是爷爷经过，或者他不捡拾，也许我就冻死了，或者被狗吃了，我感谢我的爷爷"，孩子坚定的眼神让我很感动。

过了一个星期，我请青松的爷爷和大家聊起了家里的故事，老人说起捡拾婴儿的情景，充满了欣喜，但听的孩子们流着泪为老人和青松鼓掌。

试着理解，放下怨恨和委屈，也许爸爸妈妈有自己的苦衷呢，青松苦笑道："也许吧，但现在我有疼我的爷爷、有像妈妈一样疼我的姑姑，我得到的爱并不太少，我不是没人要的孩子。"

珍惜当下是最好的结局。如果孩子因为不想深究过往，而选择快乐地生活在当下，我们何必再去挖掘她内心的痛以显示自己的负责任呢？

> 那些单单物质贫困的孩子，只要心里有爱，有一缕温暖的阳光，有朝一日还能脱贫致富。口袋瘪了，可以鼓起来，心里荒芜了，便没有了希望，所以让这些贫困的孩子昂起头来做人很重要。对于承受着贫困压力，还有着被人遗弃的痛的女孩子，如果我们不适当地加以教育、引导，真的很难想象，她长大后能成为自信的母亲，能养育出心理健康的孩子。但我们往往喜欢从深处寻找原因，表达自己的同情，陪伴她体会痛，让她觉得自己可怜，而往往忽略了，有效果比有道理更重要。
>
> （牛胜荣　山东省定陶县第二中学）

泰山压顶，也不能放弃

"杨丽，你最近老是走神，以往的认真劲儿荡然无存。能告诉我为什么吗？"杨丽低着头不安地搓着双手，欲言又止。

"抬起头来！看着我！说话！"杨丽慢慢地抬起头来了，眼里早已噙满了泪水。

"我爸……我爸……"

"你爸怎么了？慢慢说。"我顿时紧张起来。

杨丽好不容易哽咽着说明了原委：她爸的眼睛在煤矿点炮时给炸伤了。

"孩子，对不起。老师不知道你爸受伤的事情。你爸的眼伤严重吗？"

"呜呜……医生说挺严重的，有可能失明。"

"那么严重？那赶紧到好的医院治疗啊！"

"可是要花很多钱，我们没那么多钱。妈妈向亲戚朋友借了一些钱，可是也没有多少。呜呜……"

"孩子，不哭！坚强点！办法总会有的！也许情况没你想象的那么糟糕。"

"老师，这段时间我没有心思上课。我爸受伤前经常帮助别人，现在他出事了，大家都躲得远远的。我……我……不想念书了。"

"不想念书？"我瞪大了眼睛。"孩子，可不能冲动。马上就要高考了。难道你想让你这十几年的努力都化为泡影？"

"可是，想起爸爸，我就没有心思念书。我想帮助爸爸。"

"真是个孝顺的孩子！但是你不能做傻事！老师给你分析一下，你看有没有道理。第一，你爸眼睛已经受伤了，你不念书也改变不了这个事实。第二，你爸之所以冒着危险下煤矿，不就是为了挣钱供你念书考上理想的大学吗?你不念书了,你爸眼睛受伤了还有意义吗?第三,你不念书了。你爸肯定会伤心,伤心对他的眼伤治疗有百害而无一利。第四,你已经感受到了世态的炎凉。现在你们家的顶梁柱刚一受伤,人家就不放心借钱给你们了。假设你考上了大学,有了工作,还会这样吗?第五,你知道你们这个地方'重男轻女'思想太严重,大家普遍认为女人就只配生孩子,操持家务。你现在不念书,难道你想一辈子待在家里吗?你不想有话语权吗?'知识改变命运',也许对别人无所谓,但是对你来说,知识是改变你的命运,不,是改变你整个家庭命运的法宝!第六,你不是说你弟弟特崇拜你吗?你弟弟还小,但是他是你们家未来的核心力量。你如果不念书了,你的好榜样作用就没有了,你弟弟的学业也许就会荒废了。这样的例子,在你的周围还少吗?第七……"

"老师,您别说了。我知道该怎么做了!"

三个月后,杨丽考上了黑龙江大学,现在在县环保局工作。

后来每次来看我时她都会说:"老师,那次要是没有您的教育……"

> 虽然女孩子们常把"妇女能顶半边天""谁说女子不如男"等不服输的话语挂在嘴边,但是在实际生活中,女孩子们往往是无意识地认命的。譬如,她们说"学得好,不如嫁得好""女孩子,念那么多书有啥用""我是女孩子,父母不会指望我的"等等,这是最可怕的一种心理。所以,我觉得对女孩子的教育,就应该培养她们不向所谓的命运屈服的精神,要教育她们主动地改变精神世界,改变生活环境,改变生活质量。
>
> 点点思雨
>
> (任传述　陕西省府谷县第三中学)

为孩子的童年"减压"

你是否会这样想：我们面对的孩子应该是阳光、快乐、朝气蓬勃、无忧无虑的！但事实真的如此吗？也许这些孩子们平静的脸庞下藏着或多或少的压力，却不被我们所知呢。

回来吧，童年

六一，是我们的节日，一个欢乐的节日！六一，一片欢笑的海洋，可也存在着孤独、寂寞和烦恼。

我的童年到哪里去了呢？属于我的童真童趣又到哪里去了呢？我最崇拜杨红樱阿姨，因为她有一个伟大的梦想——破解童心！在她的笔下，一个个孩子充满了童趣；在她的笔下，一只神奇的万年龟找到了最有孩子味的马小跳；在她的笔下，一个只看重成绩的妈妈活生生地出现在你的面前……她是一位伟大的作家，我相信，她的梦想一定会实现——因为她也有着和孩子相似的童心。她知道童心对于孩子有多重要，她也知道童年中太多的欢乐……所以她的书，怎么能不让我们喜欢呢？

童年，回来吧！你很重要，我多么渴望你能回来。

这是一个品学兼优的女孩儿，我们班的佼佼者——刘洁在一个六一儿童节写下的一篇日记。无论是作文、读书、绘画还是演讲，她都很优秀。然而，不知何时，"压力"却悄悄走进了孩子的心中。

那次，她的测试成绩不理想，问及原因，我话音刚落，她的眼圈早已红红的，声音略带哽咽地说："老师，我头疼。晚上睡不着。"追问她怎么回事，孩子已泣不成声："我也不知道怎么回事，就是睡不着……"

那一刻，我才意识到问题的严重性。孩子内心的压力太大了，而她还不知道如何排遣自己的压力，如何调整自己的状态。想想看，作为成人的我们，尚且不能很好地调节自己的状态，更何况是一个孩子呢？于是，我马上安慰她："心里不要想太多，你已经非常优秀了！如果真的有什么事情自己处理不了，可以告诉我；如果不想直接告诉我，也可以把它写在日记本上，我们一起解决。你放心，老师一定会为你保密。"

从此之后，我们便开始通过日记进行交流。日记中有她对过去的朋友的思念，有她与现在的朋友的矛盾，有她对于学习的种种困惑……孩子向我敞开了心扉，把我当作她最信赖的人，我们无话不"谈"。终于，孩子渐渐变得轻松起来。

清清楚楚地记得那次家长会，她做主持人。一个清秀、自信、阳光的女孩儿呈现在大家面前。在之后的日记中，她这样写道："看着老师为获奖的同学和家长照相，我多么羡慕他们啊！我真诚地祝福他们。我也会用我的努力去争取！"

相信从这段话中，我们看到的是孩子阳光乐观的心态、轻松的心情。

现在的她，已步入中学，依然是班里的佼佼者。我相信：面对中学相对更大的压力，她也会从从容容。祝福孩子！

> 刘洁的故事，无时无刻不在警醒着我：孩子的压力大已成为一个不争的事实，我们必须足够重视，更应想方设法为孩子的童年"减压"。孩子的内心是细腻而脆弱的，我们应时刻关注其心理——因为孩子的心理不容忽视！
>
> 我们只有站在孩子的角度，了解孩子的心理，倾听孩子的心声，关注孩子需要什么，给予孩子帮助，读懂孩子，也许我们的教育工作才会少一分焦虑，多一分宽容；也许我们的孩子才会少一分"压力"，多一分快乐！
>
> （王瑞端　河南省濮阳市南乐县第四实验小学）

让心语绽放芬芳

今夜，我又坐在灯下批阅学生的作业，判完对错，我又细细地写上我的鼓励，我的祝福，我的期望。我坚持这样批改作业，是从我的一个学生王燕那儿开始的。

王燕是我班的学困生，基础很差。第一次交的作业本，她只写了一半，而且字迹潦草得无法辨认。作业的最后，她写了这样一段话："老师，我已经跟不上了，你不用在我身上费心了，熬过今年，拿到毕业证，我就出去打工。"

心轻轻地一颤，我不能看着她就这样放弃！我写道："王燕，谢谢你对老师的信任，我很欣赏你的坦诚。你说你要'熬过'今年，为何不是'拼搏''奋战'或者'努力'呢？你一定懂得：努力不一定成功，但放弃一定会失败！让我来帮助你，我们一起努力，好吗？"

第二次作业，王燕按照我的要求写得很认真。她在作业的后面写道："老师，谢谢你，我答应你，我试着努力！"我回复道："燕子，好样的，我会支持并帮助你的！"

第三次，我看到了一份干净、整洁、没有一个错别字的优秀作业！在那份作业的后面，王燕写道："老师，我在努力，我在为你努力。你看到了吗？你的关心，你的鼓励，你的帮助，我不会忘记！"我用手轻轻摩挲着这几行小字，写道："我可爱的燕子：你真是好样的！你的努力老师会记在心里的。老师相信你，你付出的努力，一定会有丰硕的回报的！记着，我的目光，永远跟随在你的身后！"

一个月后，王燕的语文成绩从最初的52分提高到了95分。她在她的作业本上写道："我亲爱的老师，谢谢您！是您的鼓励，让我有信心去努力，是您的帮助，给了我坚持的勇气！我不会让您失望的。"

那次，我的眼里浸满了幸福自豪的泪水。三个月后，我和王燕的共同努力,终于迎来了丰硕的回报,在全县的第一次调研考试中她获得了 105 分的好成绩。那天,她捧着卷子笑了,满眼的泪水,看到我向她走去,她张了张嘴,还是沉默了。我们彼此沉默着,但心灵是相通的。我知道我们的心语交流不会终止,我会以语文为圆心,不断地鼓励帮助支持王燕,让她学好其他的六门课程。

我相信,成功青睐的正是像王燕一样坚持不懈的人!

我喜欢这样的交流,在学生的作业本上写下鼓励与祝福,写上期望与要求。这种时刻,于我,是一种别样的幸福。我能想象到,明天孩子们翻开作业本时,会有怎样的惊喜和自豪。这份浅浅的鼓励和祝福一定会让他们枯燥单调的学习生活泛起点点温馨吧,他们心灵的田野上也一定会因我们的心语而绽放缕缕淡雅的芬芳吧!

> **点点思雨**
>
> 心语交流,对于那些不善言辞的学生来说,好些时候比面对面的交流更有效。说过的话会随着时间流逝而淡忘,但写在学生本上的爱与关心、鼓励与喜悦却会深深印在学生的记忆里。特别是那些学困生,他们沉默的外表下往往涌动着丰富的情感,正是这暖暖的心语打开了他们的心灵之门,放飞那门里的自信与智慧!
>
> (赵慧莲　河南省三门峡市陕县初级实验中学)

弱女成"强汉"

　　班里的女生一向表现很好，学习积极，作业认真，课堂精神状态好，比男生守纪律，让我备感欣慰。不料一场北风吹袭后，树叶凋零，空气骤降，女生也被吹得倒掉一片，淑女不再。早晨我到班级一看，个个武装到极致，耳朵上戴上了耳暖子，嘴上带上了厚厚的口罩，手里抱着大大的暖手宝，只见花花绿绿一片就是不见人。一人喊冷全体叫嚷，仿佛冷空气和我班的女生有仇似的，特意攻击她们。早晨跑步时，竟然有一大部分女生请假，理由是"有情况"，而她们显然不会那么巧同时"有情况"。上课时，她们蜷缩成一团，不见手不见嘴不见耳，不发言不擦黑板不板演，小组讨论也懒得转身。做午间操时，如同僵尸，没有一点女生的美感。有一个叫小冰的女生只因为早晨起得早了一点，不到上午放学便请假告退。

　　出现这种情况看似是天气原因，实际是由于她们内心的脆弱，如果不改变，不但她们的学习上不去，将来还可能影响她们的成长。可是让弱女子变得坚强并不容易，因为现在生活条件好了，衣食住行不用她们操心，没有逆境，她们自然也难以激发自己的潜能。

　　唯一的办法就是让她们"自找苦吃"。

　　有一天，我发现小冰帮着别的值日生打扫卫生，便觉得机会来了。我有意地表扬了她几句，说她爱干净，助人为乐。又一天她来早了，我表扬她勤奋肯干，吃苦耐劳。本来表现平平的她被说得心花怒放。有一天，她手拿着书站在门口读书，我对她说："这么寒冷的天气里，你不怕冷，敢挑战自己，真了不起。"没想到就这样一句话，以后晨读时，她又往外站了几步，终于从门口走到了走廊上，后来走到了院子中。现在每天早晨，她都早早地来到教室，只要光线允许，她便打开书本在外面读书。我问她冷不冷，她回答说不冷。即使有一次到了零下六度的时候，她仍然站在外面读得很起劲。奇怪的是，她并没有因此而被冻伤，相反那些躲在教室里读书的女生中则有几名冻伤了手脚。

小冰的经历让大家很好奇，在一次课堂上，我对大家说，强大的内心可以产生许多热量，使人不觉得寒冷。在她的带动下，又有几名女生也想试一试，便加入到了寒天冻地的读书中，她们内心的畏惧被冲破之后，便坦然地待在了外面。同时我也告诉了她们真正的防护方法，比如在念书时，手尽量不要露在外面，脚要不停地活动，在读书的同时，又加强了锻炼，一举两得。

现在越来越多的女生，主动地加入到了"抗冻大军"中。更可贵的是，她们的精神状态越来越好，渐渐地卸下了厚厚的防冻"武装"，个个"起死回生"。现在众多弱女子都成了"女汉子"，也许，这就是她们的成长。

> 由于女生对于外界环境的感知较为敏感，她们心理的波动最大，也表现得最为明显，过度的脆弱使得她们无法完成自己的学习任务。在对女生的教育中，不易使用强硬的方式，应抓住她们的闪光点，以鼓励性的正面教育为主，通过鼓励让她们内心强大自信起来，这样可以变教师教育为学生自我教育。通过以点代面的方式，找到突破口，打开局面，就有更多的女生参与进来，渐渐形成一种正能量，使班级风气明显好转。
>
> （祝　贺　安徽省太和县桑营中学）

点点思雨

书信交流融化她心中的坚冰

颖，是那一年高三我遇到的一位性格孤僻的女生。

几乎没有朋友的她，总是默默地坐在自己的座位上。记得有一次调座位，她对于我安排的座位好像很不满意，找到我问能否换一个座位，那时脾气急躁的我为了维护所谓的师道尊严，只是冷冷地对她说："已经安排好的座位不能再改，必须服从。"从此，我就明显地感觉到我和她之间有了一道隔阂。在我的化学课堂上，她总是显得无精打采，甚至在路上和我相遇，她也是假装看不见，匆匆走过。

看到颖变成这样子，我深为自己教育的失误而懊悔不已，我该怎样做才能融化她心中的坚冰呢？面对面直接交流？不行，如果她保持沉默的话，交流是很难深入的。经过再三思量，结合女孩子的性格特点，我决定尝试采用写信的方式。

我首先给颖写了一封信，在信中表达了我对她的关心，同时也对自己曾经的失误表示懊悔，希望她能回信给我，说说自己心中想说的话。令我欣慰的是，那封信后，我和颖的关系终于改善了。

颖的回信很长，从那细腻的文字中，我读到了她内心真实而隐秘的一面。那是一颗非常渴求被关爱的心灵，她的心灵自白令我惊讶。我马上给她回信。我在信中写道："看到你说的'老师，有点对您不满，我觉得您真的有点偏心呢'，我很感动，因为你说出了心里话。真的，我也觉得，对于这届学生，我没能做到对每位同学都那么关心。为此，我一直都很自责，谢谢你的提醒，我以后会进一步改正的。"

还记得那天当我把写好的信交给她时，她的脸上掠过一丝惊喜，对于我的回信，她原来是那么的期待。很快，颖又给我写了一封更长的信，在信中，她说以前感觉和我没有什么交集，甚至对我任教的化学也是一直在敷衍着学习，所以她的化学成绩一直都没有明显的提高，但是，自从和我通信后，她突然感觉和我心灵的距离在一瞬间就拉近了。

她在信中写道："原来有些事情的改变，可以就在一瞬间，当收到您的信时，真的很难言喻当时的那种感觉。看完后，我更是百感交集。因为那时候的我，确实是遇到烦恼了，也快崩溃了，而老师您的信，却给了我一个释放的机会。老师您的每一份苦心，总有人会看在眼里。谢谢您。"

之后，我又给她回了一封信，在信中，我写道："你说，看到我的回信令你有种可以放心和我说说话的感觉，让你感到终于找到了一个可以倾诉的对象。谢谢你把我当成可以信赖的朋友。我愿意做你最真诚的朋友，愿我们心灵的彼此交汇能演奏出世上最美丽动听的乐章。"

经过几次通信后，颖心中的坚冰终于被彻底融化了。她经常主动找我探讨化学等问题，她的各科成绩也开始提升。她的人际关系逐步得到改善，性格变得开朗，后来还考上了她理想的大学。

和男生相比，女生的心灵也许更脆弱，她们也许更在意别人的评价。一般来说，男生的问题往往是外显的，但女生的问题却以内隐的居多，如果说男生像一条河，那么女生就更像一口井，她们的心思有时让人难以猜测。班主任工作中，针对女生独有的细腻的性格，我们需要和她们进行更深入细致的情感交流，给予她们更丰富的精神滋养。为了打开她们的心扉，传统的书信交流不失为一种理想的疏导方式。在书信中，可以让孩子们把心中最细腻真挚的想法尽情表露出来，从而达到最理想的疏导效果。

（陈　锡　广东省江门市新会区陈经纶中学）

她的"红眼病"好了

"小妍刚刚哭了,她有一道数学题做错了。""小妍哭了,她把作业忘在家里了。""小妍又哭了,她有几个字还不会认读。""小妍又哭了,她看到别的小朋友字写完了,她还没写好就哭了。"……开学一个月左右,小妍稍有不顺心就哭,老师劝说也无济于事。每天放学回家时她的眼睛都是红红的。

我曾多次劝导她,可是效果不明显。我多么希望她能开开心心上学,快快乐乐回家,一直把笑脸挂在脸上。我上网查资料,了解到像小妍这样爱哭,根源是缺乏自信心。对于这样的孩子,大人应帮助他们克服困难,取得成就,求得发展,树立信心。小妍爸妈感情不好,经常在家吵架,在她上幼儿园大班的时候爸妈离婚了。爸爸工作比较忙,经常加班,平时都是奶奶在照顾她,奶奶做家务忙,和孩子交流不够,孩子在家就是一个人看看电视,很乖,从不乱跑。说起孩子爱哭的事,奶奶忍不住掉眼泪。也许是没有妈妈的缘故,小妍遇到事情不知道找谁去说,更不知道怎样解决,渐渐地就沉默寡言,变得爱哭了。

找到了病因,我知道"治疗"小妍的"红眼病"有转机了。

我问小妍:"你哭能解决问题吗?错题还是错题,不会因为你哭了,它就变对了。作业本没带也不会因为你哭了,它就出现在你面前。你自己想想,哭帮助你解决问题了吗?"

她哭着对我摇摇头。

"既然哭没用,那你为什么还要哭呢?老师希望你做个坚强的孩子,遇到困难不逃避,不害怕,更不哭。今后遇到问题了要战胜它,自己一个人不行就让同学们、老师们一起来帮助你,行吗?"

小妍红着眼对我点点头。

为了让小妍学会克服困难，学会坚强。我和她爸爸交流，让她上了轮滑兴趣班，我要求她爸爸尽量每次都陪同孩子一起去，给她鼓励，增加父女感情，她爸爸也同意了。第一次活动，她爸爸和我都去了。教练教孩子们穿好装备，试着起步，很多孩子都摔跤了，小妍也摔倒了。只见她脸涨得通红，眉头紧皱，难道又要哭了？她抬头看看我和她爸爸终于忍住了。一次，两次，第三次终于成功了，她的小脸上露出了笑容。在接下来的训练中，她很努力，学得很快。此后每次训练她爸爸都会来，看着笑容在女儿脸上绽放，他也很开心。

　　自信一点点回到了小妍的身上，她笑容多了，眼泪少了。她学会了坚强，学会了忍耐，学会了遇到失败后自己想办法应对。

　　学期结束时，班级进行故事创编活动，小妍饰演小白兔。她自信地站在舞台上，把《气球又回来了》的故事表演得活灵活现，赢得了大家热烈的掌声。

　　气球回来了，小兔子不哭了；笑容回来了，小妍的"红眼病"好了。

　　让孩子爱笑、爱玩、快乐成长一直是我的教育理想。作为班主任，我们不仅要关注孩子的学习，更应该关心孩子的心态。

　　孩子爱哭，有可能是家庭教育的问题，也可能与孩子的性格有关。有时家长和老师以为孩子就是这样的性格，于是任其自然发展。这样不利于孩子人格的健康成长。面对像小妍这样爱哭的孩子，我们需要多用点心，想想办法，与家长携起手来，多和孩子交流，让孩子多参加集体活动，让孩子快乐起来，也让我们快乐起来。

点点思雨

（张　群　浙江省嘉兴南湖区凤桥镇中心小学）

孩子，成功并不那么难

这学期，班上转来了一位叫李晗玉的女生。

经过简要的谈话和询问后，我发现这孩子的性格比较内向。结合孩子的期末考试成绩，我初步判断她有些不自信。

第一天开学典礼，孩子到得挺早的，看来是一位遵守纪律的孩子。我及时表扬了她。

典礼结束后，我留下了孩子，和她聊了一会儿天。也许是人少的缘故，孩子不紧张；也许是我的语气亲切，孩子容易接受；或许通过上午和全班孩子的交流接触，她渐渐适应了一些。总之，孩子这次的表现，比上次要好，不那么拘谨了。

对这样的孩子，我要多鼓励，培养其自信。

于是，我安排她做简单的事，让她轻松尝到成功的喜悦。我特意让她帮忙将几个没有归位的板凳插进课桌里，她立即照办，并很快做完了。我又及时表扬了她。

我请她帮忙关电扇。她说："我不会关。"

我说："不会关，没关系，我教你，很简单的。"醉翁之意不在酒——我并不仅仅是让她关电扇。

我继续鼓励她道："顺着箭头的方向转动，听到'咔嗒'一声，再看看电扇转动的速度越来越慢，就成功了。万一没有成功，可以反方向再试试。很简单，你试试看。"

听到我的鼓励，本来有些胆小的她，似乎变得有勇气了。依言行事，果真，很轻松地一次就成功了。

"你看，很简单吧。很多事情，包括学习也是这样，很多时候，你以为很难，其实很简单。要大胆去尝试！"

我把她叫到跟前，牵起她的小手，温和地对她说："很多时候，很多困难并不存在，都是自己在吓唬自己，成功并不像你想象的那样难，现在明白了吧。老师希望以后也能看到你像今天这样，大胆地展示自己，好吗？"

孩子用力地点了点头。

也许这样简单的一件事，一番话，一个举动，影响的却是孩子的一生！在孩子的心中，不断根植下向上的种子，我相信，假以时日，它就能默默地生根、发芽、开花、结果……

教育，其实很简单，就藏于这些日常生活的点点滴滴中。

只要有心，生活中处处是教育！

> 身为一名国家二级心理咨询师，我深知抓节点，帮助转学生尽快适应新环境的必要性。来到一个陌生的环境，那些不够自信、胆小内向的低年级孩子，怎样才能尽早适应新环境，爱上新环境，茁壮成长呢？在这特殊的时刻，我们不妨多一些关注，多一些帮助，使孩子顺利过渡，破茧成蝶，迎接新的挑战。如果我们疏忽了——在这样的重要时刻、特殊节点上关注不够，孩子一旦没能很好地适应，就会走许多弯路。
>
> （管宗珍　湖北省武汉市东西湖区吴家山三小）

第七辑
化解叛逆，迎来寒冬后的暖春

* 他们用叛逆告诉老师、告诉家长：我长大了，我想像个大人一样和你坐在一起。叛逆意味着孩子从幼稚走向成熟，请人人尊重孩子的叛逆。

* 每一个青春期的孩子都像一颗定时炸弹，只有理解和尊重孩子的老师才能化险为夷，"好的关系胜过许多教育"。

"四人帮"变形记

晨、景、敏和瑶四人来自不同的小学，刚入校时，虽然成绩有差异，但她们各自的表现都很好。然而，不知从什么时候起她们"结拜"成了"姐妹"，天天形影不离，我行我素，不交作业，上课讲话，经常一起欺负同学，放学后一起去网吧上网。据学生反映，她们还和社会闲散人员有来往。班上的不少学生都惧怕她们，称她们为"四人帮"。期中考试，她们的成绩都直线下降。本以为她们会从中吸取教训，谁知她们一点都不在乎，原来干吗现在还干吗，甚至还变本加厉，泡网吧，夜不归宿，甚至开始逃学。这可是初一的学生啊，让我很是头疼！

之前，虽然想了很多办法，也和家长进行了反复沟通，但效果甚微。怎么办？这是摆在我面前必须解决的难题。

知己知彼，百战不殆。于是，我开始认真研究她们四个人的情况，有不少发现：晨是个性格像男生的女生，总是大大咧咧的，思维比较简单，自我约束力差，但具备一定的管理能力；景是个特别懒惰的女生，总喜欢装病，思想比较复杂，有心眼——她俩都来自离异重组家庭，但家境都还挺好的。瑶十分聪明，学习能力强，应该是一个不错的"好苗子"，但其家庭贫困，母亲残疾，父亲懦弱无能，靠打临时工挣钱养家，拆迁后，她和外婆一起生活。敏家庭和睦，父母对她的学习特别重视，不惜花钱让她在外上辅导班，可是她学习积极性不高，没什么进取心。

综合四个人的情况，我决定从晨和瑶开始抓起。我任命晨担任班级纪律委员，在宣布任命时，我特别强调大家要服从晨的管理，大家也要监督好晨，私下我又提醒她做事要公平、公正和公开，同时要严于律己，她表示同意；任命瑶担任我的英语课代表，负责带早读、收作业等等，同时，我要求她辅导景的英语。鉴于景和敏关系好，我把她们两人调成了同桌，之所以这样做是因为我认为时间长了她们的关系应该会疏远。

果然效果明显，不到一个月的时间，晨已经能很好地管理好班级，从她的记录看，她丝毫没有偏袒自己的"姐妹"。瑶的英语成绩一路飙升，但帮助景的任务始终没有完成，她说景太懒了。景和敏的关系明显开始变化，她们的话变少了，敏开始有意识地疏远景，景则开始感到孤单，有意无意地开始学习了。

自此，"四人帮"在内讧中自然瓦解了，而她们四人似乎又回到了开学初刚认识的状态。

> 三个女人一台戏，四个女孩还得了？如果结成帮派，班主任得累翻。怎么办？唯有知己知彼，才能各个击破，从而让"四人帮"土崩瓦解。在转化薄弱学生的过程中，我们班主任要善于有针对性地去分析学生，然后制定个性化的转化策略与方法，如此，"变形"便指日可待。
>
> （管福泉　江苏省南京市第二十九中学天润城分校）

叛逆女孩找到幸福感

"我想离开，去一个温暖的地方。"晚上打开QQ，看到赵佳期的微博状态。第二天，她的妈妈打来电话告诉我女儿离家出走了。此时，我刚刚接手班级一周。

赵佳期给我留下的印象极深。开学前，原班主任向我介绍过她的种种劣迹：叛逆、顶撞老师、和男生打架、在歌厅里彻夜不归。赵佳期，虽未见其人，她的名字却已如雷贯耳。赵佳期果然"名不虚传"，开学第一周，就在班级的小舞台上演了她自己做主角的剧本。

迟到是从开学的第二天开始的，连续三天她都是在铃响之后气喘吁吁地跑进教室。打电话询问她妈妈，妈妈说她每天出门很早。问赵佳期，她满不在乎地答曰：起晚了。第四天早晨，我在学校门口的超市里发现了她的身影。那时距离上课还有20分钟，让我意外的是，她还是迟到了。问她原因，她依然是漫不经心地答"起晚了"。

开学第五天，赵佳期在课堂上和同桌打架。她把同桌的笔袋从四楼的窗户扔了下去。下课后，赵佳期找到我，理直气壮地要求我惩罚她的同桌。这个赵佳期，果然是个"与众不同"的女生。

下午，赵佳期的妈妈来了。这个高大而苍白的女人，一坐到我办公室的沙发上，便开始喋喋不休地说起女儿的桀骜不驯。从她滔滔不绝的诉说中，我看到了赵佳期的家庭状况：母亲无业，身体不佳，早晨从来没有给女儿做过一次早饭；父亲终日奔波，性格粗暴；家中尚有年幼的弟弟，占据了父母全部的关心和爱。

赵佳期，原来只是个缺爱的女孩，她只是在用她的叛逆吸引别人的注意。三天后，赵佳期的妈妈从亲戚家找回了她。

离家出走事件后，赵佳期忽然变得安静起来，温顺得像只小猫。眼神里没有了曾经的无所畏惧。我猜出走的三天里，她对生活的美好幻想都被现实击破了。于是她走向了叛逆的反方向——畏缩和恐惧。

我想，我应该为赵佳期做点什么，让她得到她想要的关注。此时，恰逢级部里组建学生会，每个班里推荐两名学生。我心里微微一动，也许我可以让赵佳期试一试。可我又担心她会给我惹来麻烦。最后，我找到了一个不容自己辩驳的理由：没有什么比让一个孩子找到存在感、幸福感更重要。

当我把这个消息告诉赵佳期时，她瞪大眼睛看着我，满脸的不可思议。她没有辜负我的一片苦心，把学生会的工作做得风生水起，每次检查都记录得清清楚楚。有两次，她主动找到级部主任，反映自己在检查中发现的问题、学生会其他成员检查时存在的问题。因为她的负责和担当，主任任命她担任学生会主席。每次提起赵佳期，主任都会用他那不太标准的普通话说一句：这个丫头好。

如今的赵佳期，每天拿着学生会的记录表奔走在走廊、操场上检查纪律、跑操情况。她的脸色红润了起来，脸上有了笑意。

点点思雨

暴雨并不可怕，它只是释放积累的阴暗；大风并不想摧毁树木，它只是想走得更远；太阳不想晃你的眼，它只是想让自己闪闪发亮；青春期的孩子，他们用叛逆诉说自己的心情。他们顶撞父母，因为他们不想在父母的羽翼下固步自封，他们想探索新的世界；他们顶撞老师，因为他们渴望得到老师的关注和认同。他们用叛逆告诉老师、家长：我长大了，我想像个大人一样和你坐在一起。叛逆意味着孩子从幼稚走向成熟，请大人尊重孩子的叛逆。

（卢东燕　山东省淄博市临淄八中）

"女汉子"的蜕变华章

琪琪：大伙儿眼中的"女汉子"

雪白的皮肤，机灵的眼睛，一张能说会道的嘴，一甩一甩的马尾辫，这个小女孩儿的名字叫"琪琪"。四年级的琪琪，让人觉得这是一个热情、可爱的小姑娘，俨然与"女汉子"这个称号风马牛不相及。然而，在前两年……

"陆老师，琪琪经常在背后推别人，特别是在楼梯上的时候。我们已经有几次在楼梯上差点被推得摔下去。"

早操音乐响起，孩子们都开心地排着队去做操。"老师，琪琪在我后面经常扯我头发，我好痛啊！"

"小陆，你们班的琪琪经常欺负同学，自己不对，还号啕大哭。她一哭，就停不下来。老师说她几句，她还用眼睛瞪着你，真让人头疼。"

……

琪琪：老师眼中的好女孩儿

每次看到琪琪和流着泪的"受害者"来办公室让老师"断案"时，我都会及时做好记录，经详细分析后，我觉得琪琪身上带有攻击性，辅导迫在眉睫，但是我每次似乎更能看到她内心的挣扎。

（一）你是一个好女孩儿

"你觉得自己是好孩子吗？"听到我这么问，琪琪很惊讶。

"陆老师，我不是一个好孩子，因为我经常动手打人。"

"是啊，你有动手打人的缺点，同学们都不敢和你玩，可你还是一个好孩子。你身上也有很多优点，你很爱干净，抽屉、地面都保持得很干净；你很爱劳动，经常抢着干；你很会安慰别人，有同学哭了，你总是会去安慰她……只不过你的'野蛮'把优点全部掩盖了，让那个好孩子回来好吗？"

琪琪的小眼睛里充满了亮晶晶的光芒："陆老师，原来我身上也有这么多优点，谢谢你，我一定会努力的！"此时的"女汉子"变得温和可爱了。

（二）老师和你一起努力

我们约定用五角星来表示好行为，比如不故意欺负同学（扯同学头发等）、与同学有争执不骂人打人、遇事不随意哇哇大哭、老师劝告时态度良好等等，当达到一定的星数时便能得到相应的奖励，并在班里接受表彰。我们一共分成四个阶段进行。

通过四个阶段的辅导，琪琪的变化很明显，从同学控诉不断，到逐渐学会自我约束、友好地解决和同学之间的小矛盾，再到体会到自己在班级中的价值、和同学友好相处的快乐。现在，她已经是老师的小助手了。

或许，刚开始，琪琪是被那根甜甜的棒棒糖吸引了。直到有一次，我们写目标礼物的时候，琪琪说："陆老师，我想要一个同桌，可以吗？"因为我们班学生数是单数，落单的位子只能由琪琪这个"女汉子"坐。我的内心顿时无比柔软，物质的吸引在琪琪的转变过程中逐渐被弱化了，取而代之的是来自琪琪内心由积极的人际关系带来的充盈的幸福感。

女孩儿，老师看好你！

一个女孩儿，就是诗人眼里的一朵花儿，既要经历风雨，又要被精心呵护才能怒放；一个女孩儿，就是画家笔下的一只蝶儿，既要逆风振翅，又要悄然停歇才有斑斓；一个女孩儿，就是舞者脚上的一只鞋儿，既要灵动跳跃，又要优雅转身才有精彩。我很庆幸走进了女孩儿的心，看到她的烦恼，体会她的不安，感受她的期待，欣赏她的成功，放飞她的自信！

点点思雨

（陆凌燕　浙江省桐乡市实验小学教育集团北港小学）

遭遇女生"撒酒疯"

优秀的班级都是相似的——女生规规矩矩、文文静静，绝不会在班里掀起波澜，让班主任瞎操心。我所教的班级也算是学校的优秀班级了，偏偏男生规规矩矩，女生离经叛道。这不，班级女生的麻烦事说来就来了。

"老师，您快到学校对面的商店去，我们班的晶、玲、迪在撒酒疯。"傍晚时分，班长急匆匆赶来向我报告。女生到校外喝酒撒酒疯？真叫我匪夷所思。莫不是班长谎报了军情？但想来又不像，我立马朝校外商店跑去。

果然，醉酒现场已经失控。三个女生东倒西歪、哭哭啼啼，一把鼻涕一把眼泪，在尽情发泄着心中的委屈、愤懑、忧伤。看着狼藉的场景，我不由得心中火起：平时当着我的面多么乖巧听话，想不到背后竟跑到校外丢人现眼。自己出丑也就罢了，还殃及班级与我这个班主任。我马上吩咐几个女生将三个醉酒学生扶回教室休息。心中愤愤地想：等你们清醒了我再收拾你们不迟。

我很快了解了事情的原委。原来，期末考试临近，三个成绩本来还算优秀的女生承受不住学习上的精神压力，有点心慌意乱。不知谁提议到校外商店喝啤酒发泄心中的郁闷，因为不胜酒力，于是……

一个小时后，三人清醒过来了。我将她们喊到办公室，开始进行训导。

"女生是要注意自己的形象的。今天你们竟在大庭广众之下撒酒疯，你们自己说丢不丢人？社会上的人会怎样议论你们，会怎样议论我们的班级和我这个班主任？我们曾经一直是全校师生仰慕的对象，你们这一闹，班级的良好形象毁于一旦。你们今天必须认真反思，深刻检讨……"情绪激动处，我的声音提高了八度。

其实，对女生的教育我平时一般是比较含蓄委婉的，但面对这三个女孩的出格行为，我控制不了自己愤怒的情绪。三个女生一看我这架势，又昏天黑地地哭了起来。我不胜其烦："看样子撒酒疯撒对了，批评不得了。"我得理不饶人，任女生哭得更凶了。

晚上睡觉的时候，任女生醉酒的场景很自然地又浮现在我的眼前。愤怒渐渐消散，我开始反省自己的教育得失：女生心理敏感，犯了错误，心中本来就不好受，这时候最需要的不是批评指责，而是安慰与鼓励。我是不是做错了什么？

第二天清早，我把三个女生喊到我的办公室，诚恳地向她们道歉："昨天老师情绪太激动了，不应该那么凶。既然你们已经认识到了自己的错误，我不应该太较真。你们那样做，也是上进心强的表现。你们能原谅老师吗？"任女生一听我这样说，反倒不好意思起来了："老师，您批评得没错，错的是我们。您发脾气也是为我们好，为班级好。我们保证以后再也不犯这样低级幼稚的错误了。"

我们心照不宣地相视一笑。师生冰释前嫌的感觉真好！

> 女生情感细腻，多愁善感，自尊心强。班主任教育女生首先要注意的是千万别伤了孩子的自尊心，小心呵护孩子的心灵。
>
> 女生犯了错误，班主任如果采用雷霆万钧、粗枝大叶的教育方法，不仅不能取得理想的教育效果，甚至反倒易使女生产生逆反心理，事与愿违。因此，作为班主任，我们一定要避免急躁，克制愤怒，降低音调，缓和态度，耐得了烦，沉得住气，和风细雨，润物无声，这样才可能实现教育的初衷，达到教育的目的。
>
> （刘坚新　湖南省邵阳县六里桥中学）

"大姐大"不再棘手了

这学期我接手了一个新的班级,原来的班主任交代:丽丽是个棘手的"大姐大"——自控能力差,又听不进师长的教导,话多嗓门大,上课容易开小差,下课闺蜜一大帮。

开学初调整座位,因为班里女生数是单数,我就故意安排丽丽独自一桌:"听说丽丽同学是班级'大姐大',给她个特权,让她自己一桌。"丽丽同学听了一脸得意。

不久,我就陆续收到班上女生要跟丽丽同桌的请求,我全部否决:丽丽同学上课容易开小差,这学期她单独一桌就好多了,我觉得她聪明伶俐、潜力巨大,是一棵好苗子,但靠近她会害人害己的。

申请者们只好作罢,甚至有人愤愤不平:"说得我像害人精一样,是丽丽同学让我申请的。"

我听了扑哧一笑:"'大姐大'同学,你就安心自己待着吧。"

期中考后,丽丽同学成绩退步不少。我趁她不在,去她家家访,详细地向她妈妈了解了她在家的表现:做作业不专心,动不动就玩电脑、手机,教育她时,她当面都答应,一转身就当耳边风……

班会课上,我耐心地教育学生:"王达同学,这次英语没及格,一定要找准病根,对症下药;吕梅同学学习勤奋刻苦,但数学成绩还是六七十分,是不是学习方法错了;还有黄文浩同学……"我把成绩退步的学生都点评了,唯独漏掉了丽丽。她发着呆,一副怅然若失的样子。

周末,丽丽在QQ上发来消息:"老师,我想我该向你求助了,我一直以为自己什么事情都可以搞定,可最近怎么努力都不行,眼看6月生物、地理两科就要中考了,我却越来越慌,不能专心学习。我现在心里一团糟。我该怎么办啊?"

我看了很激动，这可能是她第一次向别人求助。以前老师教育她，她总是敬而远之："老师你别说了，我懂我懂！"你要坚持跟她说，她就一直忍着笑回应："知道！知道！明白！明白！……"甚至你还没说完她就会抢话，顺着你的意思说，让你哭笑不得。

我回复她："丽丽同学，让你单独一桌就是帮你培养静心听课的习惯，这是你自己办不到的；要是我无法理解女生的一些行为，也会求助于你。你是太焦虑了，这样吧，你每天定三个任务，并按紧要程度排好顺序，做完这些之后再做别的。在家请你爸妈督促，在校跟好友互相监督学习。这样就行了。"

丽丽马上回应："合作互助是吧？我试试看，多谢老班！"

一周后，她在QQ上向我汇报："老班，你的方法对我很有用，不论是在家还是在学校，学习都高效多了。王静自控力也差，现在我们互相监督，共同进步。多谢老大。"

我一看乐了："大姐大"不再棘手了。我还大胆地任命她为纪律委员，她竟然律人先律己，班级变得更加井井有条了。

点点思雨

这种"大姐大"或"大哥大"类型的学生其实不少。作为班主任，我们应该在时刻留心他们动态的前提下，用委婉的善意爱心去旁敲侧击，但在表面上可以摆出"你不理我我更懒得理你"的高冷姿态。他们总会有不知所措的某个节点。我们看准这个节点适时切入，让他们明白不是所有事情都能自己搞定，必须集思广益，合作互助。这类学生的号召力和行动力都非常强大，他们一旦掌握了合作互助的理念，我们再"委以重任"，对整个班集体都是好事。

（王双增　福建省诏安县秀篆中学）

"梅超风"变形记

刚走到教室门口，就听到一声怒吼："谁要不承认，给老娘等着！"紧接着，从教室里飞出一个什么东西，直扑面门，我顺手一抓，原来是一副眼镜。一看我出现在门口，喧闹的教室立马安静下来，同学们集体向我行注目礼，我拿着眼镜边研究边说："完了，你们要自称老娘，我得是天山童姥了。"此言一出，大家哗然而笑，自称"老娘"的梅佳雨嘟嘟囔囔着坐回到了自己的座位上。

佳雨一入校就不断闹出事端，先是和同桌因为鸡毛蒜皮的事，直接把人家的书撕掉；然后又因为上课玩手机被科任老师发现，却拒不交出；期中考试，更是因作弊被通报批评。没多久，她就被同学奉上外号——"梅超风"。

每一个问题孩子的背后，几乎都有一个问题家庭。佳雨父母离异，父亲不见踪影，母亲工作繁忙，无暇顾及孩子，缺爱的佳雨大有破罐子破摔的势头。

看来，这天不知道是谁又惹了她，也许她正要使用"九阴白骨爪"，却不幸被"天山童姥"给打断了。我看了一下手中的眼镜，少了一个眼镜腿，可能有人把她的眼镜弄坏了。我忖量了一下，感觉自己不是柯南，更不是福尔摩斯，要想破案难度较大，于是拿着眼镜走上讲台说道："我们近视眼最大的痛苦，就是失去了眼镜，因为看不清彼此，怎么看得见未来。"最后一句出自央视播的一个关于雾霾的广告，不久前在主题班会上播放过，大家耳熟能详，不禁笑了起来，佳雨的脸色缓和了不少。

我接着说："我觉得可能是谁不小心把它弄坏了，像佳雨这样宽宏大量的人，决不至于不依不饶，她就想要一个道歉，是吧，佳雨？"佳雨咬了咬嘴唇，点了点头，我又接着说:"我们走进一个班,就是难得的缘分,无论是宽宏大量的佳雨,还是勇于承担的那位同学,都值得我们喝彩!"我还准备说下去,佳雨旁边的小卢红着脸站起来说:"老师,佳雨眼镜掉到地上,我不小心踩坏了。佳雨,我真的不是故意的,对不起,我负责赔偿。"佳雨听到这儿,也有些不好意思,小声说:"算了,不用。"小卢能主动站出来,我很欣慰。

在我的坚持下,我负责把佳雨的眼镜修好,两个孩子也握手言和。

从此之后,佳雨虽然还会犯些小错,但对老师和同学的态度好了许多。我又趁热打铁,和佳雨的妈妈进行了一次长谈。母女连心,佳雨妈妈当即表示以后好好照顾佳雨,并且和我约定,每两周来学校了解一下孩子的情况。我也时不时找佳雨聊聊天,手头若有些小零食,我也拜托佳雨替我消灭掉。

转眼到了期末,佳雨的成绩有了很大进步,按照我定的奖励规则,我奖给她的是刘墉的书——《给孩子的成长书》,佳雨很兴奋,白皙的脸上溢满了笑容,这哪里还是"梅超风",明明就是"小龙女"嘛!

> **点点思雨**
>
> 毕业时,佳雨给我发来的短信上写道:"人生的叛逆恐怕没有几年,我却把自己所有的任性留给了您,虽然不好意思,可我还想再抱抱您……"我小心保存好这条短信,舍不得删除,我知道,青春的路上,总会有痛苦和迷惘,但所有孩子的内心一定有一扇等待开启的门,我们手里就有这把钥匙,那就是爱。
>
> (张书红 河南省洛阳市第二十三中学)

你本是一朵莲花，不胜娇羞

"不好了，周老师，乐乐跟同学在音乐教室里打起来了。张老师都拉不住，你快去看看吧！"等我赶到那里，地上一片狼藉。原来，乐乐上课时拽前面同学的辫子，痛得人家掉泪还不肯放手，踢左边同学的椅子，躺在后面的同学的身上推也推不开。老师讲课时，她还不停地嚷嚷："什么破欣赏曲子，真难听！"同学们忍无可忍，吵闹演变成了打架。老师去拉，她竟然把老师一把推开了。

有她没理，有理没她。乐乐就像个女霸王，课上课下肆无忌惮，任意胡为。可气的是，她还伶牙俐齿地为自己占尽了所谓的"道理"。

家里的情况也并不乐观：乐乐父母已离异三年，爸爸常常郁郁寡欢。乐乐总爱惹是生非，爸爸劳累之余经常对她实施家暴。乐乐有理没理嘴上都不饶人，有时候追着她爸爸骂，直骂得她老爸躲进房间里，听得忍受不了了，两人对打。

两杯清茶，细细深究。我与乐乐爸爸从孩子的安全感受挫，到心理问题的治疗等等，聊了很久。最终，我给乐乐爸爸提了这样几点建议：第一，戒打骂。乐乐缺乏安全感，她认为家庭残缺，没有人能给自己温暖无忧的怀抱，才会过度地保护自己。家长也得做好孩子言行的表率，不能讲粗话，不能动手。第二，勤沟通。要多陪孩子，深入沟通，及时了解孩子各方面的状况，帮助孩子疏通人际关系。第三，多关爱。经常关心孩子的生活和学习细节，让孩子多感受父爱的温暖与不易，懂得感恩。

在学校里，我也为她"私人定制"了一系列的"星级"措施：第一，但凡老师批评，如果能做到不顶嘴，只答应一声"哦"，就可以得到一颗星的奖励（避免战争升级）。第二，与同学之间有了摩擦，不跟同学争吵或动手，而是通过老师来化解矛盾，便可以得到一颗星的奖励（为了保障其他同学的安全）。第三，每天为她评定纪律、卫生、上课三个方面的情况，每个星期累积到10颗星，可以奖励她少写一次抄写作业（这个对她很有吸引力）。第四，主动帮助老师和同学做事情，可以得到一颗星（对于精力过剩的孩子，堵不如疏）。

这以后，大家都说乐乐变了。到了第三个月，她终于跨进了班级"月三好生"的队伍，全班同学给予了她热烈的掌声。看着她羞涩地笑了，我忽然觉得，这个以往的"女汉子"竟有了一份娇憨的柔美。有一天发新本子，她竟然主动要求用自己光滑平整的本子换了同学发到的皱巴巴的本子，我心一动，在她的语文书扉页上写下小诗一首：

乐乐，
你就是那莲花一朵，
娇柔地无声绽放，
那美如此惊艳，
令我始料不及。
多么期待，你就这样，
一直美丽地盛开在我们的心中……

看窗外，迷雾散去，城市醒来。心中的莲花开了，清香袅袅，不胜娇羞。

> **点点思雨**
>
> 独生子女加单亲家庭，已成为问题孩子的重要成因。大多数离异的父母给孩子的爱，要么太多，要么太少。爱得多的家长，畸形的爱会把孩子"淹没"；爱得少的家长，孩子会性格乖戾，活在自我的世界里。而父母双方为了争取孩子的亲和，常常会破坏教育的原则性，容易助成孩子任意胡为、骄横无度的恶习。所以我们尤其要关爱单亲家庭的孩子，将爱融进每一个教育细节里，为孩子的成长注入营养，然后，静听生命之花绽放的声音。
>
> （周　娟　浙江省平湖市实验小学如意校区）

你不喜欢我，我喜欢你

2008年我担任高三文科班的班主任，教语文。我发现有一个叫任玮的女孩子作文语言很优美，但总扣不到主题，总是"黄河之水天上来"，文章结尾了还见不到主题，因此语文考试成绩提不上来。但班里同学又说她以前是语文科的尖子生，我注意观察她，发现她上课心不在焉。我把她叫到办公室耐心询问她语文学习有什么障碍，她默不作声；为她讲解作文应如何表现中心主题，她也只是应付地"嗯"两声。我以为她是在我面前拘谨。

过了几个星期，我又喊她到办公室去辅导，谁知她爱理不理，脸向着窗外。我问她："你高一高二语文成绩好，怎么到高三让强项变弱项了呢？"她头一偏，说："我不喜欢语文课。"我对她说："是我教得不好吗？你提意见我改正。"这时她蹦出来一句让人哭笑不得的话："别的同学都说好，我没有理由说不好。""那你怎么上语文课不专心呢？"她突然大声来了一句："因为我不喜欢你。"

办公室里七八位老师愣住了，大家都盯着我们俩，气氛有些紧张。

我没有急于说话，而是猜测她的心理：这个女孩子语言功底很好，可能是以前那位大学刚毕业的语文老师偏爱她的文笔，常常给她的作文打高分，女孩子都有虚荣心，且很在乎老师的认可，她没有参加过高考，不知道高考作文评分对文章主题鲜明要求那么高，以为我是不喜欢她而故意挑剔她，这个孩子对我已经有了排斥心理，再解释只会造成她反感。

于是我灵机一动，大声对她说："啊，你不喜欢我呀？我可是特别喜欢你呢！"接着我有理有据地说开了："首先呢，你长得这么漂亮可爱，我做梦都想有一个像你这样的女儿；然后呢，你不喜欢我应该有一段时间了吧,可是你每次看到我都还点头打招呼,说明你懂事也懂礼;再然后呢,你的文笔很美,只要能紧扣主题去表达,作文一定很棒,哪一位语文老师不喜欢文章写得好的学生呢!"我见她把脸转到我这边来了,就说:"你不喜欢老师没关系,老师喜欢你就行,回教室上课去吧!"她惊讶地看着我,好一会儿,笑眯眯地走了。

从此,我们俩再没谈过"你喜不喜欢我"的话题,她也没解释过为什么说不喜欢老师。但这女孩精神面貌大变样了,上课听讲认真了,语文成绩也稳步上升。高考期间,她要求住到我家里,说:"老师待在我身边,我心里不会慌乱。"高考时她语文考了126分。

我没有用传统的感化手段去赢得学生的尊重和喜爱,也没有急于跟学生表明我的良苦用心,而是采用主动出击、反守为攻的方法。要学生喜欢我,我应该先喜欢学生,还要对学生表达出我对他们的喜爱。

点点思雨

每一个青春期的孩子都像一颗定时炸弹,只有理解和尊重孩子的老师才能化险为夷,"好的关系胜过许多教育"。形象一点说,孩子大都只有一只眼睛和一只耳朵,他们往往只看到事物的一面,只喜欢看他们喜欢的东西,只听得到他们喜欢的声音。这是特点而不是缺点,需要的是引导而不是训斥。很多时候,教育女生,真情比技巧更重要。班主任工作没有固定的教育方法,随时随地都应该盛开着教育的智慧之花,葆有着对学生的热爱之情。

(郭玉良　湖南省岳阳市岳阳县第一中学)

网络会悄悄传情达意

为了加强与学生的联系，我们建立了班级 QQ 群。一个星期天，我进入了一个同学的空间，突然一个题为"郁闷并气愤着"的帖子引起了我的注意："这几天我很郁闷，因为我的水果刀被没收了，吃个苹果只好用牙齿啃。死老宁，我的水果刀可是很锋利的，小心用的时候割断了手指头！这几天我很气愤，因为他天天去查宿舍，想吃点零食也不敢。你说说这个傻帽，没事去女生宿舍转悠啥？一个大老爷们难道就对女学生这么感兴趣吗？真是个心理变态！"

看着这个帖子，我也很气愤，既而郁闷：怎么这么咒我呢？

空间的主人是刘茜茜。上个月，有一次我查宿舍的时候，看到她在吃苹果，她还很热情地问我："老师，吃苹果吗？"说着，就用手中的水果刀给我切了一块。

"我不吃苹果，但我对你的水果刀很感兴趣。"说着，我拿过她手中的水果刀，"先在我那里放着，下次回家的时候去我那里拿，捎回去就别带回来了。"

"为什么不让我用啊？"她显然很不乐意了。

我笑着说："学校明令禁止学生携带危险物品到学校里来，这东西很容易伤人。"

可是星期天回家时她没有来拿，水果刀一直在我那里放着。如果不是那天看到她发的帖子，我还想不起来。

等情绪慢慢稳定了下来，我想：既然你在这里咒骂我，我也在这里规劝你吧。于是，我在编辑框里输入了以下文字："这样谩骂辛苦教育你的老师，你觉得合适吗？刀是危险器具，有的学校曾经发生过用刀伤害同学的危险事件，我可不希望看到我的学生发生悲剧。刀子还在办公室里放着，我等你来拿。老师查宿舍是学校的要求，也是老师应该尽的责任，完全是为了同学们的安全着想，有的学校因为管理松懈，就发生过外人进入而伤害同学的恶性事件。再说了，每次我都是先去女生宿舍后去男生宿舍，就是因为怕去晚了影响你们休息，没想到却影响了你吃零食，还赚得你说我是个'心理变态'。"

傍晚，刘茜茜回复了："老师，真的很抱歉，我误会了，对不起！那个帖子我删除了。"

看到她的留言，我想：会不会是因为看到了我的帖子，怕我找她算账所以删除了呢？于是我给她回复："做人要光明磊落，有了问题要通过正确的渠道来解决，不要通过这种有损于他人声誉的方式来处理。你的这种做法已经侵犯了我的人权，但你是一个孩子，我不和你计较，希望你吸取教训，以后对老师有什么意见和建议可以当面提出来。"

第二天我看见到了她的回复："谢谢老师，您的大度让我惭愧，您的宽容让我无地自容，我唯有真诚地向您道歉。老师，对不起！"

看到这样的回复，我知道她是真的认识到错误了。

> 人与人之间的交往就是这样：有些话当面不好张口说，在电话里就说出了口；有些意思面对面表达不出来，在信里就可以表达得淋漓尽致。其实，老师与学生之间就是这样。尤其是面对比较强势的老师，学生该说的也不说了，师生之间就有了误解；还有异性师生之间，学生该讲的也不讲了，师生之间就有了隔阂。解决这个问题的途径有很多，我觉得通过网络交流，在互不见面的情况下敞开心扉谈谈，是一种很好的方式。
>
> （宁　杰　山东省寿光世纪教育集团）

"趴桌女孩"变形记

我班今年新转进一位女生叫佳芯,她长相清秀,性格内向,学习认真,成绩优异,平时与同学的关系也很融洽。但她有个"怪毛病"——总是把自己"藏"起来,遇事就趴在桌上,谁劝都没有用。

有一次,她被一道数学题难住了,就趴在桌上生闷气,她爸爸好劝歹劝,折腾到半夜才肯睡觉,以至于第二天上课直打哈欠。

有一天中午,她在学校食堂就餐,同学不小心把她的筷子弄掉在地上,她又趴在餐桌上,全然不顾同学的道歉和劝说,最后那顿饭没吃成,害得同学也没吃好。

还有一次,卫生检查员发现她的桌子底下有纸张,就把她的名字登记了下来,她当场就趴在桌子上,直到上课时还趴在桌上不听老师讲课,老师费尽口舌,花了十多分钟时间,还找来卫生检查员,让他们暂时"清除"她的名字才算了事。

我经过仔细观察和分析,归纳出她这种行为的几个特点:第一,每次她趴在桌上时,都有老师、同学、家长安慰她,给她"好处",越是这样,她越是来劲。第二,当她不顺心或犯错误时,就很习惯、很自然地采取这种方式表达不满情绪。这样的话,老师和同学会淡化对她的处罚,开始迁就她。这是一种轻微的"关怀强迫",即外界自觉不自觉地满足孩子表面上的需要,而实际上是一些应该被限制的要求,或者提供给孩子根本不需要的关怀和帮助,使其形成习惯性的依赖。为此,我对她采取了两招矫正介入法:一是限制,二是制止。

语文课上,佳芯忘了带红笔,于是又犯"毛病"——趴在桌上。同桌马上拿出自己的红笔借给她,可她不肯抬头。我淡淡地对大家说:"谁都别借笔给她,就让她趴着,趴着趴着,她的红笔就会有了,她趴着能解决一切问题。"说完,我只管上课,学生也不注意她了。

大约过了5分钟，只见她偷偷地把脸露出臂弯，我心中暗喜——初见成效。(此谓"限制")

还是一节语文课，我正在讲解作业本，佳芯的同桌不小心碰到她，使她的一个字写歪了，同桌连忙道歉，可她立即又趴在桌子上。见此情景，我厉声说道："下课铃声一响，作业本要上交，必须抓紧时间写，你现在得马上抬头开始写作业。"也许是被我的严厉震住了，她慢慢抬起头来，很不情愿地拿笔开始写起来。(此谓"制止")

近期，她的这种"症状"还是会"复发"，但时间短、"顽固性"减弱，我也抓住时机，表扬了她的进步。

很多班主任认为，对小学生严厉是不可取的，会挫伤他们的自信，伤害他们的自尊，对孩子成长不利。但是，我们应该明白，教育本身就是严慈相济、奖惩相宜的艺术，既然每个孩子都喜欢被表扬，就意味着每个孩子都不可避免地"被严厉"，这是一种平衡。只有保持这种平衡，孩子才可以在教育生活中扬长避短，健康成长。所以，老师以爱的名义关爱孩子的同时，要用科学的方法矫正他们的缺点，让他们成长为一个完整的"人"。

（梁世累　浙江省温州市苍南县第二实验小学）

从"开屏"到"开卷"

　　一天,小娟的妈妈找到我,说三更半夜还看到小娟用手机看电子书,她想没收,但小娟死活不肯给。小娟到办公室后,母女俩仍互不相让,局面一时僵住了。

　　我知道要解决问题双方必须各退一步。于是,我先教育小娟要体谅妈妈。转而又劝慰小娟妈妈说,看电子书确实容易上瘾,但要给她时间,让她逐步改掉这个坏习惯。最后,我提了个建议:手机平时由妈妈保管,周末允许小娟玩一小时。小娟表示接受调解,承认了在看电子书《醉玲珑》的事实。

　　但问题并没有被圆满解决。先是小娟经常在课堂上表现出一副无精打采的样子,紧接着在月考中退步了20多名,终于在上课偷看电子书时,被值日老师当场抓住。

　　"我实在控制不住,手机上交后,总觉得心里空落落的,每天夜里都失眠,导致第二天上课无精打采。所以我瞒着妈妈又买了一个二手的手机。"

　　通过进一步交流,我了解到小娟性格内向,从小喜欢看书,不善于与人交流,但作文写得很好。由于连续几次考得不理想,她有一种深深的挫败感,于是一头埋进虚幻离奇的电子书世界,以求暂时的解脱,不知不觉上了瘾。

　　我相信小娟说的都是实话,她已经患上"手机依赖症"了,这是一种心理疾病。既然让她妈妈暂时代管手机的方法不能奏效,我何不将计就计,顺水推舟呢?我让小娟先回教室,然后我从电脑上下载了《醉玲珑》的大结局,还下载了鲁迅、冰心、莫泊桑等一批中外著名作家短篇小说集的电子书。然后,我拨通了她妈妈的电话,经过耐心的沟通后,她表示支持我的计划。

我把小娟叫到办公室，先让她删除了手机里的《醉玲珑》，再把著名作家短篇小说集的电子书保存到她手机里。小娟虽然默不作声，但难掩眼里的一丝失望，我知道她仍在惦念着《醉玲珑》的大结局，于是让她在电脑上把结局看完。"谢谢老师，我知道今后该怎么做了。"最后一个字看完后，小娟诚恳地向我保证。我什么也没说，只是信任地拍了拍她的肩膀。

小娟没有把手机交给妈妈，她仍然习惯在睡前看一会儿电子书，只是她的睡眠质量逐渐改善，学习成绩也在不断进步，在我和语文老师的鼓励和夸奖下，她也渐渐变开朗了。我一边注视着这些可喜的变化，一边仍在默默等待。终于有一天，她妈妈拨通了我的电话。

"吴老师，您真是料事如神啊。小娟今天主动把手机交给我了，叫我到书店给她买一本《莫泊桑短篇小说集》，说是语文老师请她下个月作一个什么讲座，她得好好准备一下。她还说手机里的电子书有很多错别字，又没有插图，还不能做批注，眼睛看得也累，还是纸质书好。真是太谢谢您了！"

我终于长长地吁了一口气。

点点思雨

在我们的印象中，男生似乎更难抵挡手机的诱惑，所以提到手机成瘾，我们更多地关注男生。但实际上，有些女生，特别是性格内向的女生，在遇到挫折后，也会把阅读电子书作为排遣苦闷的工具，进而沉迷于虚幻神奇的小说世界而无法自拔。女孩是水做的，所以用强硬的手段教育往往收效甚微，教育她们要尽量做到"春风化雨""润物无声"。如果我们真正从尊重她们的角度出发，巧妙地转移她们的兴趣点，再加上足够的耐心，一切就水到渠成了。

（吴小明　江苏省丹阳市第六中学）

人心都是肉长的

"老师，子彤跑步时不小心摔倒了。"两个女生扶着一瘸一拐的子彤走了过来，边走边拍打着子彤身上的土。我赶紧问："腿摔坏了没？""没，就是衣服摔脏了，手套摔烂了。"我定睛一看，棉手套上破了个三角口子。我灵机一动，说："你们扶着子彤去休息一会儿，我来帮子彤把手套缝好，保证让她满意。"

我用了一个多小时，亲手在破口那儿绣了一颗"心"。

赶在放学前我把手套送到了子彤的手上，全班同学掌声雷动，在大家的嬉闹声中我们俩幸福地和有"心"的手套合了影。

子彤是个有才华、个性张扬的女孩，我高二中途接班的第一天就见识了她的张扬。当时我正在教室安排工作，一个音调很尖、速度很快、分贝很高的声音传了过来："都来这么早干吗，啥事儿都没有，瞎积极。"伴随着震耳的撞门声，一个脸蛋儿漂亮、身材窈窕的女孩儿闯了进来。我朝她皱了皱眉头，她朝我缩了缩脖子、伸了下舌头，全班学生哄笑。

从那天起，她的大嗓门随时都有可能响起，我每每听到她突然发出的刺耳的声音就心惊肉跳。我私下里劝导她说："女孩子，要矜持点、温柔点、文雅点，像个淑女，不能像'女汉子'。""老师，我就是这样，你问问咱班学生，她们都知道我一直都是这样的。"她根本就没把我的话听进耳朵里，反而让我有点不好意思，唯恐她尖细的大嗓门影响到周围的人。

她也有表现很好的时候，一次我们班一个同学的钱掉进了干涸的下水道里，盖板间的缝很窄，她二话不说挽起袖子就探出手臂把钱给夹了出来。为此，我还为她照了照片，并在班会上表扬了她。

运动会上，大庭广众之下，她放肆地吃着学校明令禁止带到操场的零食。我提醒她，她就咂咂舌头表示不吃了，一旦我看不见就继续张狂地吃。唉，这孩子就喜欢打擦边球。

晚上查宿舍，碰上她心情好，还会暖心地让我闭上眼睛，往我嘴里塞一个剥好的橘子、板栗什么的，让我幸福得有点儿心酸。

我们的关系就在这时好时坏中一直持续着。她甚至还对我说："老师，咱俩吵归吵，但都别真生气，也都别太在意。"这样一个没有心计的孩子，我还能跟她记仇？

她就这样我行我素。

用心缝合的手套就在这样的僵持状态下悄然来临。我缝合的"心"不经意间触动了她内心深处最柔软的地方，她重新开始审视自己。慢慢地，她不再让我心惊肉跳，甚至还主动要求做两操（眼保健操、广播体操）领队，并积极地帮助文体委员管理纪律，成了我这个班主任有思想、有见地、有行动的好帮手。

人心都是肉长的，我缝制的这颗"心"终于治愈了我和子彤之间心灵上经常发炎的伤口。

鬼点子多的学生聪明，胆子也大。如果她们的聪明劲儿用不到学习知识与技能上，那就会用到破坏规则和纪律上。面对此类规则意识差的野蛮女生，我们既不能放任自流，也不能无视其优点，更不能在盛怒之下强行处理而不顾及学生的自尊和面子。只有在真诚的夸奖、善意的提醒和规则的约束中，慢慢等待机会的来临。女生的心是细腻和敏感的，触动她的心弦，她才会思变。

（张先娜　河南省巩义市第一中等专业学校）

给叛逆一点空间

杨柳对于我们这个三流学校来说是个天才，她是我校挑战县一中的王牌。

也许是这个原因，杨柳在校几乎是我行我素。这不，因为她的班主任对她比较严格，她觉得约束太多，学习效果不好，离高考大概还有三个月的时间，她居然自己找到校长要求到我班学习。校长竟然还答应了她的无理要求。

这是我第一次碰见敢于自己"挑班"的"问题"优生。她和原班主任究竟有什么样的矛盾呢？我得把问题的症结找到。

"杨柳啊，首先甘老师得感谢你对我的认可。你能告诉我，为什么要选我们班吗？""甘老师，与其说是选你们班，不如说是选您。"

"为什么呢？""因为您批评人都是笑着的。如果您是我的班主任，被您骂都是一种幸福！"

"你这孩子也真能忽悠人！我批评人是笑着的，但是被我批评的人往往是哭着的！""呵呵，甘老师，我等着您把我批评哭哦！"杨柳调皮地跟我开起了玩笑。

杨柳就是杨柳！一周后，杨柳散漫的老毛病又犯了。

"杨柳，你告诉我，为什么擅自不上自习？"

"甘老师，我嘛，模考结束后，就想放松一下，嘻嘻嘻……"

"那你干什么去了？"

"上网去了！"杨柳的目光有些闪烁，但还是诚实地回答道。

"放纵式的放松，我不赞成。下次模考结束后，你想上网，直接来我办公室，我给你开绿灯。"

"真的可以？"杨柳不相信地瞪大了眼睛。顿了顿，她有些歉意地说："对不起，甘老师，不上自习是我的错。其实我今天上网就听了百家讲坛蒙曼老师讲的《女皇武则天》，一时着迷了，连看了好几集，三个小时的晚自习一下子就过去了。"

我原谅了诚恳坦白的杨柳。第二天，我到书店买了一本《女皇武则天》，决定送给杨柳。

接下来的一次英语测试，她考了全年级第一。送礼物的机会来了。在书的扉页上我写道："武则天是中国历史上的一个传奇，她的智慧、坚毅、领袖魅力，前无古人，后无来者。杨柳，你愿意在校史中留下你的名字吗？我相信，你能！因为你就是我们三中的传奇！"

杨柳接过书，眼睛有些湿润。她深深地向我鞠了一躬："谢谢您，甘老师，您真是一位很特别的老师。"

"你也是一位很特别的学生啊。"我们相视而笑。

杨柳在努力地改变自己。在早读之前她就早早地来到教室晨读，在她的影响下，班上早起读书的人越来越多。晚自习时，我让她在学习之余，运用她顶呱呱的英语知识，兼起辅导班上英语偏科生的"小老师"。模考结束后，我让她给同学们讲考试中的得失，介绍好的学习方法。她侃侃而谈，毫无保留。就这样，她深深地赢得了班上同学的喜欢和钦佩。

三个月的时间弹指而过。那年，杨柳高考考了632分，位居全县第三名。

"甘老师，你的脚步踏进了我孤独无助的内心，你亲切的笑脸给了我温暖和阳光，你的鼓励和指导让我每一天都在向上，因为有你，我才得以跨越，从容地走进考场！"这是杨柳的毕业留言。杨柳的例子告诉我："因材施教"有更广泛的涵义。它不仅仅体现了在代表"智商"的文化课要"因材施教"，也体现了在代表"情商"的性格方面要"因材施教"。如果我们在教育中，用同一把尺子去度量学生，那就会限制他们的发展。所以，适时放开手脚，给学生更多空间让他们自由发展吧！

（甘小琴　陕西省府谷县第三中学）

第八辑
提升修养,打造内心的美丽优雅

* 女孩的问题往往是内隐的,"富养"的"骄娇"女生一方面渴望获得别人美好的评价,一方面心胸狭隘,意志脆弱,容易出现极端行为。对于女孩,我们需要用爱心和耐心与她们进行心灵沟通,引导她们学会自尊、自爱,学会表达自己,尊重他人。

* 为师者,要正确引导学生形成健康的心理,让她们能在你的言语中获得自信,感受温暖,让她们在你的引导下拭去心中的尘埃,找回本有的纯真,永远做一个清丽美好的如花女孩儿。

做自己的主人，不再寂寞

"……老师，我特别喜欢您的课……我听说了您的往事，有点心痛……我以为您的办公室跟别的老师在一起，万没想到您一个人待在学校最偏僻的角落。我真的想问您：老师，您在学校有人陪您说话吗？有人给您讲笑话吗？您孤单吗？您累吗？我有好多问题要问您，老师为什么不走？为什么一直留在这里？您为什么不为自己而活呢？为什么不对自己好点？

"我是一个自私的人，谁对我好，我就对谁好；谁对我不好，那么他也别想从我这里得到任何好处。老师，您对自己好点，不然我看着您在学校孤零零一个人，我难受、心疼。"

下面落款是小曼——一个聪明、有个性的川妹子，我不是她的班主任。

我写回信说：

小曼：

谢谢你对我的关心，但你千万别再同情我……请相信世界永远都是公平的，我们在哪方面付出得多，收获自然就多。我在琢磨课堂和学生等方面花费的时间，远远超过了琢磨其他事情（比如领导的喜好或同事的评价），所以，我目前的现状是我自己的选择造成的。哪怕我因此饱受挫折，也会欣然接纳。"接纳"一词于我，是心甘情愿的逆来顺受，我绝无怨言。

我看过了你为自己规划的职业生涯，我知道你是一个志向高远的女孩子。但你若要实现自己的理想，必将经受九九八十一难。有些磨难也许是别人难以理解的，但于你却是心甘情愿的。比如，当你选择了正确的目标和方向，当你为这个目标付出努力时，你会深深体验到孤独、寂寞——所有要做出一番成就的人，都必须耐得住寂寞，并学会享受孤独。

也许在你看来，老师的办公室处于寂寞、冷清的角落里，平时孤零零一人，没有高朋满座，没有欢歌笑语，凄凄惨惨戚戚，梧桐更兼细雨……但是，我和你的感觉不一样。我要备课、要阅读、要思索、要和学生作书面或当面交流。最主要的是，我需要时时和自己的灵魂对话。我需要一个安静的空间，去阅读孔子、老子、佛陀等伟人。我写作的过程，就是和自己的灵魂对话的过程；我阅读的过程，就是和一个个伟人交流的过程。所以，我从未感觉到寂寞、孤独。我知道自己想去的地方在哪里，我更清楚自己在做什么。

小曼，你也一样。当你为自己选定了目标，就是知道自己要去的地方了。路途中自然有鲜花和掌声，却也要作好接受狂风暴雨或凄风苦雨的心理准备。我希望你既不要因鲜花和掌声而流连忘返，也不要被狂风暴雨或凄风苦雨击倒。

你在信中问我"为什么不走"。我却想问你并问自己：为什么要走？我所需要的不是名，不是利，而只是宁静充实的生活。我在这里已经拥有宁静和充实了，为什么要走呢？无论走到哪里，都在人生路途中，也都在人群中。人们说"天下乌鸦一般黑"，可见世界上每个角落的故事大致都一样，我倒宁肯相信自己遇到的鸟儿身上还有几根白羽毛……

> **点点思雨**
>
> 当我们谈到人生、事业，万万不可把学生当成孩子。真正的尊重，就是把学生当成平等的朋友，用自己的故事告诉他们：所谓的"成功"和"失败"，都只是一种感觉。一个充实快乐却又清贫的人，绝对不算失败；而一个腰缠万贯却闷闷不乐的人，无论如何不能算成功。
>
> （李　迪　河南省郑州市科技工业学校）

帮她高扬巾帼英杰之气

2014年11月，经过学校办公楼前的宣传板，我看到一张喜报醒目地贴在那里。原来是西北农林科技大学发来的一张喜报，恭贺我校毕业生唐艳同学荣获国家励志奖学金。2013年入校，才一年的时间，这唐艳，真是了不得啊！想到她高考失利，却能在极短的时间内调整自己，荣获了这一张极有分量的"喜报"，我不由得回想起她上高三时的情景。

进入高三后的唐艳正能量充分发挥了出来，鼓足干劲努力奋斗，第二次月考考到了班级第二，年级第八。第二次月考结束后，我观察到在高二下学期期末的能力测试中她的数学都未曾及格，但进入高三后竟能量猛增，考到了129分，女生普遍物理偏弱，她却考了90分。

我真是很好奇背后的秘密，于是利用一个晚上和她进行了一场交流。那次交流真是令我震撼，因为她让我了解到一个很令人敬佩的唐艳。唐艳谈到，高二下学期期末数学的不及格，是她高中历史上的第一次，初中也有过一次不及格的经历，这两次经历都令她刻骨铭心。为了洗刷不及格的耻辱，重拾曾经的辉煌，暑假她全力挑战自我，做了很多张数学试卷，终于在进入高三后找到了感觉。而对于物理，她从来不相信女生就学不好，而是认为只要去做，就一定可以改变。于是，有一段时间，每天晚上回家后她都做三五道物理题，有的题做两遍，甚至做三遍，然后积累相应的解题方法。就是凭借这样的毅力，在物理这科上她也慢慢找到了自信。

唐艳的这番学习经历，真是震撼人心。借此我邀请她在班风点评时作个发言，谈谈她在攻克物理这科上的一些经验。那次班风点评不仅给我留下了深刻的印象，也给全班同学留下了深刻印象。扬着笑脸的唐艳振臂高呼："谁说女子不如男，女孩子照样能够学好物理！我们一起加油！加油！"那天，唐艳给全班带来的士气不是吹的，那真叫"感天动地"啊！现在我回忆起来还是那么激动。

这之后，唐艳依旧鼓足士气为她的梦想奋斗。和一些同学闲谈时，经常会听到他们谈论唐艳对他们的积极影响。她的振臂高呼，她的积极能量的散射，没有理由不让我认定她是我班的巾帼英杰。这之后，我就愈发希望她能迎来更大的突破，实现她的大学梦。

临近期末，他们又写了好几次语文作业，我在"优"的名单中却见不到唐艳的名字，论能力她绝对不差啊。我终于忍不住郑重找她谈了话，向她提及班级精神"想大问题，做小事情"，希望她能保持良好的学习品质，争做最优秀的自己。

2014年教师节，唐艳发来短信，说："惠师，感谢在我的高中时期遇见您，您让我懂得做事的态度很重要，读了大学，很怀念高中那段时光，谢谢您，您辛苦了。"唐艳的短信，又令我不禁回想起与之交往的种种，而最令我翘指以赞的便是她的巾帼英杰之气——达观、自省、勇猛、无畏！祝可爱的唐艳——这位巾帼英杰怀揣梦想，朝向卓越！

> 怎样教育女孩？又怎样教育男孩？其实，不论女孩男孩，我们都应该记住他们首先是一个人。人之为人，总有不完美之处。所以，无论是对"高分"学生，还是对"低分"学生，我们切不可因分而遮蔽了所见。而人之为人，是有实现自我的积极需求的。所以，当引导男孩有英雄梦，当引导女孩有巾帼志，这一直是我的一种德育理念。
>
> （谌志惠　湖南省津市市第一中学）

让"小甜心"们更可人

"一代无好妻，三代无好子。""一个女人决定了上一代人的幸福，这一代人的快乐，下一代人的未来。"……这些使我深知教育好女孩儿对家庭、对国家都举足轻重。

班里有30多个女孩儿，她们素质的高低自然也决定了班风的好坏，为此我对这些"小甜心"们特别关爱，旨在使她们身心健康、恪守本分、优雅知性。

我首先关注"小甜心"们的身心健康。有一段时间频频发生小学生遭遇性侵的事件，我不得不面对班里的女孩儿来谈——"如何预防性侵害"。

我利用课间在黑板上板书了一个"性"，让她们来组词，有的孩子组了"性格""个性"。"还可以组什么词？"我继续引导。"女性。"秋说道。"有女性，肯定还有什么？""男性。"女孩儿们迅即回答。"对了，我们人类是有性别之分的，分为男性、女性。小孩子一般都说男生、女生。"此时我抛出一个问题："我们游泳时，男生、女生的衣服有区别吗？""男生只穿小短裤，女生还要穿小背心。"女孩儿们羞答答地回答。"你们观察得很仔细，那为什么要穿这些衣服呢？""怕羞啊！那些地方不能让人看。"女孩儿们都默认这一回答。"丫头们，我们游泳衣覆盖的地方是不能让人看，让人摸的，我们的嘴巴也不能随便让人亲。"女孩儿们一边专注地听，一边捂着嘴偷笑，但我的话却已植入"小甜心"们的心灵深处。

做高年级的班主任，我会给每一届孩子们上生理卫生课，让她们明白青春期身体的变化，使她们认识自己，消除内心的紧张、困惑，平稳度过青春期，并告诫她们："无论何时，女孩儿首先要爱自己，自己健康才有精力去爱家人，自己快乐才能传递快乐。运动、营养、不熬夜是身体健康的三大法宝。"

为让"小甜心"们学有榜样，我没有苍白说教，而是陪伴她们观看电影《城南旧事》《花木兰》等。《城南旧事》的主人公英子本身就是真善美的化身，大眼睛明澈纯净、善解人意、机智勇敢、胸怀梦想；花木兰巾帼不让须眉，不贪图荣华富贵，珍爱亲情……这些都强烈震撼着她们的心灵，激励她们向善向美、自强自立、淡泊名利。

静能生慧，慧能养贤。当今社会功利浮躁，不少女孩儿贪图享受，爱慕虚荣，为了避免这一点，我给"小甜心"们推荐好书：《城南旧事》《绿山墙的安妮》《女生日记》《女生贾梅》《女孩的进化史》等，让书香浸润她们的心灵，让她们的心灵宁静优雅。我还引导她们学习煲汤做菜、侍弄花草、做十字绣、绣鞋垫儿、画树叶画、做手工花等活计，既能锻炼她们的一双巧手，又能使她们静下来，享受快乐而充实的生活。

点点思雨

沃伦·巴菲特说过："人生中最重要的决定是跟什么人结婚，而不是任何一笔投资。"看来"任何一个成功的男人背后都有一个成功的女人"是不争的事实。我会尽全力守望班里的"小甜心"们健康快乐地成长，使之若山中幽兰，虽不那么娇艳，却芬芳四溢；若潺潺溪水，虽不气势如虹，却浸润着人们的心田；若冬日暖阳，虽不炽热，却使人备感暖意。

（霍松梅　河南省三门峡市第四小学）

成为名副其实的公主

开学第一天,伊伊来报到,她一袭白裙,卷卷的头发,白皙的皮肤泛着羞怯的红晕,大大的眼睛忽闪忽闪,细声细气地和我打招呼:"老师好!"我的心就像奶油被放在热锅里,"嗞——"的一声就融化了,好可爱的小公主啊!

新同学见面,好多孩子都像我一样喜欢上了伊伊,大家众星拱月般围在她身边。可是,不久她就只能孤单地站在一边,渴望地看着大家开心地玩闹了,有时还会成为大家指指点点的对象。我很疑惑,便调查了一些同学,没想到同学们的抱怨像开了闸的洪水,喷涌而出:"她太娇气了,不小心碰她一下,她就不依不饶的。""她太霸道了,什么都得听她的。""她不想值日就说不舒服,指使别人做这做那。""她的'公主病'太严重了。"……

伊伊家境不错,在父母错误地理解"女孩要富养"的情况下,被培养成了"小公主",在家说一不二,从没有人违逆她的意思。她虽然学了很多才艺,却没有学习怎样与人相处。每每看到她与别人发生矛盾哭得梨花带雨,无辜又委屈地问我她到底哪里错了时,我既头疼又心疼。于是,我决定帮她治好"公主病",让她得到大家的喜爱,成为真正的公主。

我经常找伊伊聊天,说一些趣事,教她解决事情的方法,告诉她做人的道理,推荐她读书。一天放学后,她拉住我说:"老师,我知道你为什么让我读《小公主》这本书。""哦?说说!"我笑眯眯地看着她。"你是想告诉我真正的公主不是享受优越的生活,更不是骄横霸道,而是有一颗善良、温暖、永不放弃的公主心……"

听着她滔滔不绝的讲述,看着她亮晶晶的眼睛,我知道"小公主"正在向"真正的公主"靠近。

一年一度的联欢会来了，伊伊的轻歌曼舞赢得了大家的阵阵掌声。看着她在大家的掌声中优雅大方地再展歌喉；看着她和同学们分享零食；看着她在游戏中被撞倒，不顾自己却紧张地询问同伴的情况；看着她主动拿起笤帚打扫狼藉的教室，我欣慰地笑了。

初一暑假回来，班里组织了"我的精彩假期"展示活动。伊伊为我们介绍了一位暑假中认识的大山深处的小妹妹。她站在精心制作的PPT前，为大家介绍着这个贫困而又坚强的小妹妹，声音低沉哽咽，眼里充满了泪水。她说："其实，我们都一样，一样是父母的宝贝，一样是上帝派到人间的天使，只是因为我们更幸运，便免受了很多的苦难，让我们珍惜现在的生活吧！让我们珍爱自己的爸爸妈妈吧！也让我们伸出手帮帮这个小妹妹吧！"

教室里爆发出热烈的掌声，同学们流着泪拼命地拍着手，似乎只有这样才能表达出对伊伊的喜爱和敬意。泪眼蒙眬中，我分明看到伊伊的头上多了一顶熠熠闪光的皇冠，那顶皇冠的名字叫善良，叫勇敢，叫责任……

> **点点思雨**
>
> 　　每个女孩子心中都有一个"公主梦"，但很多家长却因为各种原因把女孩儿培养成了一身"公主病"的"小公主"。一个女孩的成长确实需要细致呵护，需要奉献无比的耐心与精心，然而相对于满足女孩物质上的需求以及心灵上的依赖和宠爱，更重要的是关注她们内心的成长。
>
> 　　真正的公主，有着丰富的精神世界和美好的心灵，表现为良好的性格、高贵的品质、丰富的内涵、优雅的谈吐、得体的举止……作为教育的主体，我们能够给女孩的财富，远不止金钱。
>
> （贾焱鑫　河北省石家庄市第四十二中）

"冰雪女"变身记

　　五年前，初次接触静时，她给我的第一印象是聪颖过人、文采飞扬，常常信笔一挥就洋洋洒洒写下上千字，轻灵秀美的文字常常令人陶醉。然而就是这样一位小才女，课间或放学却常常独来独往、形单影只，私下里更常常被大家唤作"冰雪女"。

　　看着自己最得意的弟子如此，我心里很不是滋味。于是我开始慢慢走近她，并多次劝解，而她依然还是我行我素，冷若冰霜的脸没有丝毫改变。

　　这一天，我灵机一动，决心从"书"做做文章，因为我发现她是位不折不扣的小书迷。当我获悉她超级喜欢杨红樱的作品后，立马淘来了不少，有事没事老凑到她的跟前和她海聊杨红樱作品的精彩。开始，这个小姑娘毫不领情，依然一副拒人于千里之外的表情，可我却毫不退缩，依然经常到其跟前吹风。时间久了她便不再排斥，开始津津有味地听我娓娓讲述。有一天她居然红着脸跟我提出了借书的请求。我一听非常高兴，但并没有立刻答应她，而是趁机向她提出了一个附加条件——请她看完后好好跟同学们分享一下读书感受。开始她默不作声，但并没有离去的意思，后来居然咬着下嘴唇说："好！我答应！现在可以借给我了吗？""当然！"就这样，我满心欢喜地把书借给了她。之后，我开始悄悄游走于同学间，不断向大家宣布"冰雪公主"要跟大家分享自己读书感受的好消息，同时拜托孩子们趁此机会好好展开攻势，帮老师攻下这块坚冰。

　　终于等到了静要跟大家交流的日子，这一天我早早到校布置会场，期待以自己的真诚给她带来意外的欣喜。交流会上，静落落大方地与大家交流起来，深刻的感悟不时赢得大家阵阵喝彩。喝彩过后，不时有几名仗义的男生开始不负我的重托，对其解读大加赞美。后来，班上一名温柔可人的女生，居然当场把自己精心折叠的一串美丽的幸运星送给了静。

一向冰冷的她在大家强大的攻势下居然眼圈有些泛红，许久，她躬身说了声"谢谢"。

接下来的日子，我依然常常穿梭于静和其他同学之间，做起了传话筒。

"静，你知道吗？大家特别喜欢你的解读，一再求我下次再请你解读。"

"静，好多同学都跟我说，老师你帮我们求求静，把书借我们看看好吗？我们都羡慕得不行。"

"老师，我们这周准备去游玩，你替我们约约静好吗？我们想和才女一块儿去，求求您。"

……

就这样，我陆陆续续地把大家的赞美、真诚相邀传达给了静，也希望能借用这些语言的魔力来打动这位"冰雪公主"。

终于有一天，静听完我的转达后呜呜地哭了起来。从此孤独的"冰雪公主"不见了，摇身变成了温柔端庄的"可人"，课间或放学的路上，我经常看到她和小伙伴结伴而行，有说有笑。

> 冰雪聪明、本应有无数朋友围聚身旁的她成了"独行侠"。为了重新唤醒她心中的爱，作为班主任的我试着从她感兴趣的事物入手，巧借同伴之力，唤醒她对友情的渴望，帮助她在她与老师及同伴之间架起沟通的桥梁，从而真正带给她绚丽灿烂的美好世界，最后真正帮她实现了从"冰雪女"到"阳光女孩"的巨大转变。透过这件小事，我深深感受到：作为班主任的我们应如一缕春风去努力吹散孩子心头的阴霾，让阳光、自信伴其左右。
>
> （曹建英　河北省唐山市安各庄小学）

巧设暗局化解矛盾

下面这个故事中我不是主角，但没有我就没有这个故事。

一个电话

电话是小张的妈妈打过来的，第一句话便语出惊人："孩子和她的后桌小然已经一年没有说过任何话了！"我头脑中顿时浮现出两个青春少女的脸庞，笑容灿烂，阳光可爱，却老死不相往来！当然，从小张妈妈的口里，听到的都是一面之词，她说小然有一次语出刻薄，两个孩子大吵一架，之后就互不理会了。她教育小张，同学之间不能恶语相向，实在合不来就不理她，当她不存在就可以了。表面上，孩子做到了，但实际上，孩子没有一天开心。

我决定介入此事。

两回谈话

我先找来小张，她依旧是笑嘻嘻的。我说："你的成绩要想再有突破，就得多想、多问，我看你不大喜欢找老师，就多问问前后同学吧。"小张笑容一僵，说："实话实说，我和后桌已经一年没有说过话了……"我故作吃惊状："怎么可能呢？你的性格很开朗啊，和我都很合得来啊！"小张有些纠结地小声说："其实是很小的一件事，只不过两个人都赌气，所以吵得凶，谁也不肯让谁。第二天，我索性不再回头。结果，一天天拖下去，一直到今天。"我问："那么如果小然先和你说话，你会接茬吗？"她眉头先是有些舒展，又很快凝结了："她不会理我的。"我懂了。

第二天，小然来问我问题。解答之后，我说我观察到一个现象，前桌往后传卷子，从来都是你同桌接，你没伸过手啊，也没见你和前桌小张说过话。这当然是我从小张那里听来的。小然大吃一惊,说:"老师,你可真细心,这种小细节你都能注意到。我们一年前闹矛盾,到现在都没和好。"我见她比小张成熟,就换了一种说法:"你想没想过,这样下去,如果毕业了,同学聚会的时候,你们见面会不会很尴尬?"她说:"这些我知道,我也有些后悔,但没有办法,而且事情拖得太久了,我也不能突然找她出来,说我们和好吧?这样显得我太傻了!"我眨眨眼睛说:"那要有一个机会,让你不得不张口和小张说话呢?"小丫头嘿嘿一笑说:"那就说呗!"

三次交流

我在班级说,要前后桌合作出一套早读小卷,从小张小然开始。先简单给小然作了说明,再让她叫小张到办公室。

小张来了,说小然在她面前说了一句话,声音很小,隐约听到"冯老师找你",她就来了。我看看她,她额头微微有些冒汗,小脸红润润的。我认真地说:"任务交代给小然了,回去你俩研究出题的分工吧。"

两天后,我同时叫出她们两个,问:"题弄得怎么样了?"小然说:"我们分工出,出好了,分别给您拿来审。"小张说:"哪天交啊?"这就是典型的"各行其是"。我说,明天就得交,而且,两人合作出题,只要有问题,我追究的是两个人的责任,我可不管哪道题是谁出的。两人一起怒视我,小张说:"老师太霸道啦!"小然说:"她一向都这样。"眼见两人已经结成统一战线,我转身离去。

第二天中午,两人一起出现在我的办公室里。两人互相补充把整套题给我讲了一遍,我根本听不出哪道是小张出的,哪道是小然出的。只见两张阳光灿烂的面庞在我眼前晃来晃去,办公室充满了毫无忌惮的笑声。两人终于冰释前嫌,宽容以待。

这个真实的故事,一定会在我的人生中留下难以磨灭的痕迹。经过了这件事,我突然对一个耳熟能详的词——学生有了新的领悟,他们就是在老师的帮助下,学习生存、学习生活的人。而这学习的契机,就隐藏在日常生活中,隐藏在点滴小事里,我们抓住它,利用它,让学生在不知不觉中成长,也许,这就是教育的真谛吧。

(冯 岩 黑龙江省哈尔滨市第三中学校)

吾班有女初长成

最近总听到有关我班女生的一些不太好的评论，穿着上的、与人交往上的。作为班主任，我心里很不是滋味。

升旗仪式上我们班的男生很专注很安静。我回头看见后排的女生在说话，我过去提醒了她们，但一会儿她们又小声说起来。望着国旗我在想，女孩子们以后将成为母亲，而母亲承载着整个民族，有高素质的女孩子就有高素质的母亲，就能提高整个民族的素质。

周一下午的班会，我把主题定为"我是女生"。会前我把原因告诉大家："最近，我听到了一些不利于我们班女生的言论，作为班主任，我很伤心。我想也许这些不是空穴来风，一定是我们有些地方做得不够好。一个女生受欢迎很重要，受尊重更重要。那怎么知道什么样的女生会被人尊重呢？这个世界上除了男性就是女性，要想知道这个答案我们就要问问男生了。"

男生很惊讶！我说："关注异性是很正常的。"班里有的男生马上羞涩地说没关注过，我说："正好你们可以借此机会想想。关注不代表不单纯了，这是青春期正常的心理啊！关注也代表着关心，关心帮助女生不是一个绅士该做的吗？你们写写什么样的女生值得尊重，什么样的女生招人喜欢，什么样的女生让人难以接受。"男生开始认真地写起来。我让女生想想男生会写什么。

我自己收了男生不记名的纸条，拿在手里读，因为我担心有意外的内容，所以没让学生来读。我还找了两个女生记录。

男生大多喜欢文静的、文明的、温柔活泼的、不过分修饰的、大度的、穿着简洁大方的女孩子；不喜欢不文明的、和男生打成一片的、化妆的、个性太强的、小心眼的、在不恰当场合穿不恰当服饰的女孩子。

很多女孩子都很关注这个结果。当然，她们也就其中长得美丽一条提出了异议，她们批评了个别男生注重外表。

我希望班里每个女孩子都对照这个结果看看自己哪方面做得还不够好。我希望有一天全年级的学生都能尊重我们班的女生，我们班女生能成为高素质女生的代表。

最后我读了一个韩国人写的一篇散文，选取了其中写中国女生的一段读给她们听，作者说他在中国见到了许多不太文明的女孩子。我对全班人说："希望这次班会对全班女生有所启发。一个民族素质的提高取决于女孩，这就是为什么我们国家有'新联合春蕾女童关爱计划'。以后不论是做操还是升旗，我们都要看一看是男生更优秀，还是女生更优秀。"

那次班会后，女生的行为举止有了很大的改观。女孩子们嚷嚷着哪天也让她们说说自己心目中男孩子的形象。

女孩教育在我的班级中已经形成了系列，我们利用每周两天的班务时间读各行各业优秀女性的故事，帮助女孩子们树立理想；特别设立了"女生节"以展示女生们的风采；组织班级中的女生交换日记，倾诉青春期烦恼；开展"我是特别的女生"等为女生寻找自信的演讲；等等。

现在，我班的女孩经常玩笑着说："乐观、自信、拼搏，我为我的青春代言。"聆听这样的话，我的内心充满"吾班有女初长成"的欣慰。

关于女孩教育的困惑，引发了我无尽的思索，让我认识到女孩教育关系着一个民族的未来。思考也带给了我教育的灵感，遵循青春期孩子的心理，从一次班会到每周的女孩教育时间再到女孩们的节日，我班的女孩教育发展成了一系列的教育活动。我踏上了女孩教育的探索之路，我班的女孩子也渐渐叩响了幸福之门。

在丰富的活动中，我和我们班的女孩一起成长着。

（李　晶　天津市扶轮中学）

点点思雨

小纸条的华丽变身

自习课上，小雪和小路两个女孩子在悄悄地传纸条，起初我还以为她们是在商讨习题，便没太在意，可后来发现她俩表情不对，一副越来越生气的样子。我便轻轻走过去，顺手把纸条拿了过来。

打开一看，我不由得大吃一惊，原来这是一张两人对骂的纸条，一行碳素笔写的字，跟着一行蓝色笔写的字，一人一句，谁也不让谁，里面尽是攻击性的语言，还夹杂着些脏话。尤其到后来，两人互相进行人身攻击，这个说那个和某某男生好，那个说这个和某某男生上床……第一次见识如此让人哭笑不得的口水战，我竟想不出这是出自两个原本是朋友的女孩子之口！简直不像话！

随即我把两人叫到办公室，询问缘由。如此恶语相加，原以为她们有什么深仇大恨，其实不过是鸡毛蒜皮的事，原来是因为地理作业的问题，两人意见不一致，发生争执，继而愈演愈烈，便互相攻击谩骂起来。

这场没有硝烟的战争引发了我的思考：是不是书面交流更容易导致矛盾的激化？一些女孩子在公共场所说不出口的脏话，却能写出来？由于没有听觉效果，当事人往往感觉不到自己话语的杀伤力，容易信口雌黄，讲起话来毫无顾忌。

为什么不尝试赋予这种无声的交流健康美好的内容，给小纸条来个华丽变身呢？

想到这里，我没有对她们发火，也没再追究纸条上的内容，而是让她们冷静下来，再进行一次笔尖上的交流，要求是反省自己的不足，向对方道歉。交流进行得很顺利。

小雪写道："我不该为一点小事发脾气，不该无中生有，编排你和某某男生。"

小路写道:"我也有错,不该针锋相对,以牙还牙,不该说脏话骂人。"

到此两人火气尽消,已基本互相谅解。接下来我让她们再次进行纸条交流,内容是写出对方的优点并给予赞美的话。这两个女孩子相视一笑,很快便完成了一次新的对话。

小雪:"你是个心思细腻的女孩,喜欢帮助别人,和你在一起总能感受到一股正能量。"

小路:"你是个很负责的地理课代表,为了同学们的学习任劳任怨,你心直口快,性格直爽,为人真诚。"

小雪:"谢谢你的理解,希望我们继续做朋友。"

小路:"我也不想失去你这个朋友,以后有什么事情我们就说出来,一起努力学习,一起进步!"

……

我接过纸条,写了下面一段话:"当我们捧着鲜花送给别人的时候,首先闻到花香的是自己;当我们抓起泥巴抛向别人的时候,首先弄脏的是自己的双手;当我们用语言伤害别人的时候,首先脏的是自己的嘴巴;当我们用语言赞美别人的时候,首先愉悦的是自己的心灵。学会宽容别人,就是宽容自己。"

此时,两个女孩已明白我的心意,挽手向我鞠了一躬:"谢谢老师给我们上了一课!"

点点思雨

有些女孩子心眼比较小,好记仇,容易为一些小事耿耿于怀。疾风暴雨似的批评和训斥不一定能解决问题,倒不如这般和风细雨,抓住问题关键所在,引导她们走出思想的误区、心灵的沼泽,用阳光驱散雾霾,把美好的种子植入她们心底,让她们体验到人与人之间的真诚和美好,学会用欣赏的眼光看待别人,放大优点,缩小缺点,帮助她们领悟做人的道理,懂得宽容别人的相处之道,从而化干戈为玉帛。

(李靖华　山东省聊城市实验中学)

引导女生向"骄娇二气"告别

随着独生子女的出现,不少父母推崇"女孩富养"的观点,似乎女孩子只有养尊处优才能培养出高雅脱俗的品性。在学校里,老班们习惯于关注和表扬聪明能干的女生,容易"溺爱"成绩优秀的女生。实际上,这种教育方式往往培养出带有"骄娇二气"的任性公主。我的班级也不乏这样的同学。

几年前,我接手五年级D班,老班长小颖乐于进取、踏实好学。我经常鼓励她、美化她,帮她解难,增强她的威信。六年级时,有一次上英语课,小颖被老师发现跟同学传纸条,纸条上写着搞笑文字。课后,我和小颖单独谈话,第一次批评了她。她一脸委屈地说:"是小曼让我传给婷婷的。""上课怎么能做和学习无关的事呢?你是一班之长,应该知道制止违纪行为和约束自己的行为啊!"不料小颖昂起头大叫:"我不知道,我早就不想当班长了!"我顿感惊讶:"真的吗?""我不知道。我只听我父母的话。"小颖和我针锋相对,音调更高了,而且眼泪刷刷地流。

面对孩子的一反常态,我克制自己的情绪,缓缓地说:"学生在家要听父母的话,在学校要听老师的教导。班长既是重要的责任,也是宝贵的荣誉和机会,如果你真的不想干,我也不勉强你。我希望你能冷静下来反思自己,好好想想我平时是怎样关心和帮助你的。"小颖没有反驳,依然抽泣着。

小颖回班后,我打电话请家长来学校。小颖的妈妈听说这事大吃一惊,难为情地说:"对不起,孩子不懂事,被她爸爸惯坏了。"我这才知道小颖是父母婚后三年好不容易才怀上的宝贝,一直享受众星捧月的待遇,爸爸简直对她百依百顺。加上我一年来对她的"宠爱",她变成"骄娇"公主了。于是我请小颖妈妈和女儿沟通,告诉孩子如果她愿意担任班长，知错改错就行。如果不愿意，我只好选出新班长。

第二天，小颖眼皮红红的，不愿正视我，我只字不提，冷眼静观。

第三天，小颖一见到我就走过来愧疚地说："宋老师，我错了，我爸爸妈妈狠狠地批评了我，您让我继续担任班长吧。""我就等着你这句话呢。"我语重心长地说，"爸爸妈妈疼爱你，我器重你，期望你学会自尊、自爱、自律，不自满，不怕难，成为自信自强的阳光女孩。作为领头羊，你要维护自己的形象和班级的荣誉啊！"小颖低头聆听，若有所思地点着头。

从此以后，我改变了对优秀女生的教育方式，适当减少夸奖，多举实例让她们学习男生的勇敢、大度、谦让，和她们谈心以缓解她们的精神压力，对她们进行心灵滋养。同时，我启发家长调低疼爱女儿的温度，多和孩子聊天，并给予其必要的历练。就这样，小颖也逐渐变得谦虚、稳重、开朗，班级随之增添了正能量。

> 过去，"贞女""才女"是对女子的美称。现在，"美女"的称呼泛滥，"女汉子"似乎也成了荣誉。在浮躁的世风中，班主任须重视对女生品性的培养。女孩的问题往往是内隐的，"富养"的"骄娇"女生一方面渴望获得别人美好的评价，一方面心胸狭隘，意志脆弱，容易出现极端行为。对于女孩，我们需要用爱心和耐心与她们进行心灵沟通，引导她们学会自尊、自爱，学会表达自己，尊重他人。
>
> （宋望兰　湖北省武汉市东西湖区吴家山三小）

迷失的十佳歌手

10月，我校隆重举行了"首届校园十佳歌手大奖赛"，经过层层选拔，我班的雅雨不负众望闯入十佳，最终获得第六名。可是当公布名次时，她却突然双臂上举，非常扎眼。在台下的我感到有点莫名的恐慌。"可能是压力过大，她这是在释放自己的压力。"我安慰着自己。

我有意识地观察雅雨的日常表现。在我准备找雅雨聊聊的时候，几个科任老师向我反映她上课不专心、作业不按时完成，有时在班上自己小声哼哼几句——有点得意忘形！

一天课外活动时间，我把雅雨叫到操场上，说："雅雨，祝贺你！请接受老师迟来的祝贺。""老师，你把我叫到操场上来有事吧？"她满脸狐疑地看着我。

"谈谈你这次比赛的感受吧。""老师，你叫我来就问这个吗？"她诧异又兴奋地问道。"老师，我从90多名选手中拿到第六名，我是不是挺厉害的？"她侧脸看着我。

"挺不错。""就是！老师我给你唱首歌听。"她兴奋地说。

"今天叫你来，我更想听听你下一步的打算。""这个嘛，好好学习，抽空练歌，将来争取考音乐特长生！"

"说得不错，你那天在台上为什么会想到举手呢？""高兴过头了！"

"你确实不错，可是那样有点太过夸张，给人一种张扬的感觉！""老师，你说我张扬，我绝对没有。"她不满地瞪着我。

"你自己感到在参赛前和参赛后有什么变化吗？""参赛后我更有信心了！"

"可是，在课堂上你变得不专心了，有时还控制不住自己；在宿舍晚休后经常唱歌，既影响自己又打扰其他同学休息。""谁说的，我就唱了几次,她们不让唱,我就再没唱。"

"我感觉你学习没有参赛前踏实,参赛前你认真参与课堂学习,与同学的关系不错,老师们对你的评价也不错。"

我瞄了她一眼,发现她在听,接着说:"参赛的心态要放平,比赛结束更要放平心态,我们的目的是学习,有长项是我们的优势,可是因为长项而沾沾自喜,那自己就会慢慢地飘起来,学习、做事都会不扎实,整个人都会显得浮躁!再说,人外有人,天外有天,我们要努力地去学习,取长补短,争取让自己更优秀,才会实现自己的目标!""你说完了?"她看着我问。

"我想听听你的想法,雅雨。""老师,你和我爸说的差不多,我也知道自己有点夜郎自大,或者说一叶障目,不见泰山,可是我有时控制不了自己。"

"我提个小建议:在自己的桌子上贴一个有助于自己安心学习的座右铭,再就是请组长监督或与学习好的同学勤作比较,看看他们在学习而你在干什么。""我试试吧。你相信我能做好吗?"

"你肯定没问题的,世上无难事!""我知道,老师你瞧好吧!我回去了。"

雅雨,老师看好你。老师也会一直帮助你,希望你能真正地幡然醒悟!

> 人一生中都会经历一些东西,或失败或成功,或失去或获得。伤心或高兴在所难免,及时调整自己的心态,尽快回到日常生活中来才是正道。雅雨在校园十佳歌手大奖赛中取得不错的成绩,确实值得高兴,可是她在兴奋中慢慢迷失方向,失去学习的进取心而浑然不知,那就得不偿失了。为师者,特别是班主任,要在学生的学习与生活中善于观察学生的表现,及时指出学生的得与失,让迷失方向的学生及时回头,这是一件令人愉悦的事,也是班主任的职责所在。
>
> (唐元福 山东省淄博市高青县第二中学)

知缘惜缘才得真缘

早晨办公室的门"砰"的一声被推开，小倩气冲冲地闯进来对我说："徐老师，我同桌太烦了，请把他和我的座位分开。"我还没来得及开口，她又开始数落同桌的不是——"没有礼貌，小气，不乐于助人……"

激动的话音刚落，委屈的眼泪夺眶而出，我走过去递上纸巾并让她坐下，倒了一杯水，然后安慰道："我非常理解此时此刻你的心情，别生气了。我们才认识几天，时间虽短，你却给老师留下了美好的印象，你是一名聪明活泼，做事认真负责的好孩子、好学生。"

"我真的有这么好吗，老师？"12岁孩子的内心就是这样的奇妙，得到他人的理解和表扬，伤心的情绪很快平静了下来。

我微笑着用赞赏的目光打量着她，肯定地说："对呀！你非常优秀。在班级生活中，我们既是师生关系，也是朋友关系，交流一定要坦诚。今天我想和你分享一个我的青春故事，想听吗？"

她笑嘻嘻地说："太好了，老师，快讲！"

"那是一个秋天早晨的课间十分钟，我刚买的作文书被我同桌不小心带到地板上弄脏了。当时爱书心切的我无视友情，压不住心中的怒火，不听她的解释，破口大骂了她一番。可就在下一节课上，一件让我终生难忘的事发生了。我的鼻子不知不觉流血了，要堵住鼻孔止血，可又没带纸。她发现后迅捷地从口袋里拿出餐巾纸来，周到细致地捏成小团递给我。当我接过纸团的那一瞬间，心里很不是滋味。因为刚才的事自己做得太自私了，不懂得珍惜友谊。岁月中很多事我早已忘却，可唯独这件事还记忆犹新，每次回味都有不同的幸福滋味。"

听到动情处，她对我说："老师，你的同桌好好哟！胸襟宽广，不计前嫌。当时你就显得不那么绅士了，得改改。"

"对呀！得改改。懂得珍惜友情后，她成为了我的好朋友。小倩，新的集体是我们的家，兄弟姐妹来自不同的地方，为着共同的求知梦想来到太平中学是一份缘；60名同学相会七（1）班，共同耕耘也是一份缘；同桌相聚，共享初中生活的酸甜苦辣，又是一份缘，况且你俩还是小学五年的同学，那真是缘上加缘。俩人在班级生活中为鸡毛蒜皮的事争吵，那真是不应该呀！生活中知缘惜缘才得真缘，将心比心才有知心。"

"老师！我同桌虽然有些讨厌，但我在与他的交往中也有做得不对的地方，需要改改。"这时，她说话的声音明显很低沉。

"你有这样的认识，老师为你高兴，为你喝彩！"我继续循循善诱道，"良药苦口利于病，找一个赞美你的朋友，不如找一个挑你刺的朋友。他不是经常挑你的刺吗？那是在真诚地帮助你呀！聪明懂事的你想办法解决与同桌的相处问题吧，老师相信你的交往沟通能力！"

最后她坚定地说："老师请相信我，我一定会处理好与同桌之间的关系的！"为珍惜这来之不易的友谊，学习交往沟通的方法，她还去图书室借了《中学生沟通技巧》一书阅读。

> 当学生在成长过程中遇到烦恼时，唯有尊重和理解才能走进她的心灵，才能播种上善德的种子。生命难免会有各种伤口，必须让学生学会用补丁缝合伤口，并努力让这些伤口上开出美丽的花朵，这样生命才更加缤纷多彩。
>
> （徐大军　贵州省桐梓县官仓镇太平中学）

被人利用说明你有用

一向开朗、乐于助人的小依，匆匆跑进办公室，眼泪已经快掉下来了，第一句话就是："老师，活着没意思！"

这可是大问题，我匆忙站起来，请她细细道来。她说，她一直秉承善待同学的做法，同学有什么诉求，她都积极主动地给予帮助：同学要去医务室，她毫不犹豫地陪同；从家里带了好吃的，她毫不吝啬地分享；同学需要学习生活用品，她大大方方地递上……可是，当她有需要的时候，同学却袖手旁观，不愿意伸出援助之手。她感觉自己的善良在别人看来不过是被利用的资源而已。

这个心结可不好解，一味的安慰可能无助于其情绪的调节，也无法动摇她内心的信念准则。女孩不同于男孩，心思细腻，情绪也更容易波动，最好的办法是影响她，感染她，领她走出情绪的沼泽地。

我立马调节好情绪，面带惊喜地看着她，用非常欢快的语气说："原来如此啊！那老师要恭喜你了。"

她睁大眼睛，不解地看着我，惊疑地问道："老师，我正难过着呢！你为什么要恭喜我？"

我继续乐呵呵地看着她，对她说，只要她仔细想想，她一定能够找到答案。

她皱着眉头想了半天，对我说："老师，你的意思是不是说，袖手旁观的人又不是我？"

一直以来，我都教育学生要积极乐观地看待生活，要看到并保持自己的优点和长处。看来，她已经懂得这个道理了。我告诉她，她的理解是正确的，对方不知道珍惜，那是他的遗憾，没有必要为此烦恼。

同时，我继续引导她思考，事件背后还有更深层的内涵，比如说，被人利用说明我们有价值，正是别人对我们某方面的"利用"，让我们看到了自己在这方面的价值，从这个角度来看，我们是幸福的。既然如此，帮助别人即使没有回报，也依然是很好且值得坚持的事情。

听我这么说，她破涕为笑，看来是雨过天晴了。

生活中，类似的事情时有发生，我们之所以不悦，甚至痛苦，那是因为我们没有找到让我们感到幸福的角度。角度变了，视角变了，体验也随之改变了。

之后，我在教室里和同学们分享了这个案例，告诉同学们，我们要欣喜于自己被人利用，当有一天，没人来利用我们的时候，那才是真正悲剧的开始，能够被人利用，那是非常幸福的一件事情。当然，同学们也要学会与人相处之道，如果只是索取而无付出，只愿利用别人而不甘被利用，他本来拥有的价值会日渐消失，最终失去利用他人的资格。

"让利用来得更猛烈些吧！"我以此作为结束语。从同学们若有所思的神情和不断点头的动作来看，同学们认同了我的看法。在我的提议下，"被人利用说明我有用"成为新一周语文课的开课语，我说完"同学们好"之后，同学们齐声朗读这句话。

此后，"被人利用是幸福的"被大家认可，而"利用"也成为班级文化的特定用语，它没有贬义的色彩，流淌的是乐于付出、甘于奉献、彼此关怀、互相帮助的同学情谊。我也不断被学生"利用"并欣然享受这样的"利用"，师生关系在独具内涵的"利用"中，越发融洽和谐，让我享受到了更多的教育幸福。

> 对事物的认知能力往往能决定一个人的幸福指数，我们要做的并不是简单地对事物下这样或那样的定论，而是要让学生学会多角度地看问题，学会从不同环境中提炼更多的肯定自我价值的因素，从而获得更充足的前行力量。
>
> （杨春林　浙江省杭州市长河高级中学）

让孩子的愿望得以完整实现

还有两周就要迎来学校的体育节了。

正值初三,这是初中阶段的最后一个体育节了,学生们热情高涨。我们十几个班主任也是费尽心思地挑选队员,力争在活动中取得佳绩,借此鼓舞班级的士气。我们班的体育实力一般,但是同学们参与的积极性很高,在班委的组织下早就确定了参赛队员,他们利用每天下午的课外活动时间进行训练。

一天晚自习前,女生小薛到办公室找我:"老师,您现在有空吗?有个事想和您谈谈。"我欣然答应。

我问她:"你有什么事,直说就行。"

小薛说:"老师,我想改报个体育节项目。"

我拿出报名表,小薛报名的项目是铅球和标枪。这位女生个高,力气大,在前两届的体育节上都曾拿到很好的名次,为班级挣不少分。我有点疑惑,便问她:"这两项不是你的强项吗?咱们班的田赛就靠你了。"

小薛一听我这么说,有点羞怯。顿了顿,她接着说:"老师,初中这三年里,我自己想做的事情都做了,就还有一件事,我想跑1500米。听同学们说,跑下来很辛苦,我想体验一下。"

我笑着说:"这可是初中女子组最艰难的项目了,身体能撑下来吗?"她很坚定地说"没问题"。"那就没问题,给你报上1500米。"说着这话,我便拿起笔在报名表上作了修改,去掉了标枪,改为1500米。"谢谢老师!"小薛眉飞色舞地小跑着离开了我的办公室。

交报名表前,体育委员满带怀疑地说:"老师,她跑1500米能行吗?平时800米测试,她都在班级排在后几名。报标枪,还能给班级多挣点分呢。"我拍了拍他的肩膀,说:"她认为自己行,就行。"体育委员一脸不解地拿着表走了。

体育节上，班级的表现一如预期。女子的最后一个项目是跑1500米，小薛全副武装地站在起跑线上。我朝她挥了挥手，她冲我摆出了胜利的手势。毕竟是要跑四圈多，况且是比赛，小薛的体力渐渐地跟不上了，拖在队伍的后面。我鼓动全班，给她加油呐喊，她憋红着脸，单手掐腰，坚持往前冲。最终，小薛跑了个倒数第二。她跑完后，回到班级座区时，得到了全班热烈的掌声。她大喘着气，冲着大家说："我都打算跑倒数第一的，没想到，还有比我慢的。"同学们一阵起哄，她也得意地笑了。

那届体育节，班级的总成绩不够抢眼，但却是我心目中完美的一届。因为它让一个孩子的愿望得以完整实现。

如今，小薛已经上高一了。2014年教师节的时候，她给我发了一条短信："老师，感谢您，您满足了我对初中生活的全部想象。"做教育，如此便幸矣。

教育要想获得"愿者上钩"的效果，你就必须了解鱼儿需要什么，更重要的是要具备"钓胜于鱼"的胸怀。对于学生来说，成长才是优于一切的。如果在教育中，只一味在意终点和结果，而不去关注孩子内心真实的想法，只能是竹篮打水一场空。作为教育者，以孩子之心体察孩子，让孩子能够获得心灵的满足感，这样他们的成长才不会只是被安排好的剧情，而是一段多彩的青春。

（赵学东　山东省济南市历城区初级实验中学）

爱，要勇敢说出来

"心晴小屋"轮到我值日。

和我聊天的是一个小女孩。在主诉表格中，她写道："小时候，感觉妈妈是一个很坏的妈妈，于是，我在日记中常常写妈妈的种种不是，甚至把妈妈写成一个大坏蛋、大恶魔。可是，近段时间，妈妈突如其来的爱，让我感到了深深的内疚，原来妈妈一直对我那么好。可是我却不敢对妈妈说，就是觉得很内疚，怎么办呢？"

她来了，有点腼腆。"想和朱老师聊什么？"我明知故问。

她几乎一字不变地将主诉表里的问题重复了一次。

"你的意思是，现在，你的心里就像压着一块石头一样，对妈妈感到深深的内疚，是吗？"她肯定地点点头。

我说："你认为你的妈妈以前对你很不好，你能举几个例子吗？"

她想了想，说："我感觉以前她对我总是很凶，可能是有几次她自己心情也不好吧。有一次，我想和朋友去山上捉螃蟹，可是她就是不让我去，还追着打我，我好难过啊！还有一次，她叫我洗头，我不洗，她就揪得我好疼好疼啊！"

"那你知道妈妈为什么不让你去捉螃蟹吗？"

"嗯，她是觉得我去捉螃蟹会很危险吧，现在想想她其实也是为我好。"

"你认识到了这是妈妈对你的爱。"我说。她笑了笑。我继续引导她说妈妈的不是。或许，这一招就叫欲擒故纵吧。

"有一次，我现在想想那件事我也有错。"她还没说事情，就开始反思自己的错误了。

"我家来了客人，我妈妈就买了好多好吃的东西招待他们，而不买给我，我就在街上大哭大闹，妈妈就骂我了。"她又说："其实我不应该大哭大闹的，因为客人来了，妈妈招待他们是应该的。"她又反思自己的行为。

我继续引导她说妈妈的不是，可是她却左思右想说不出来了，因为她好像越说觉得自己做错的地方越多。或许，这就是倾诉与反思的力量吧。

原来，她妈妈一直远在外地经商，这几天刚刚回到家。妈妈的百般关心让她觉得妈妈原来如此爱她。她突然感觉自己对妈妈有误会，这种感觉就像一颗藏在心里的定时炸弹一样，解不开，化不了。

"那你想过用什么方式解除这种困惑吗？"

"想过，我想跟妈妈说我爱她。可是我又不好意思说。所以到现在还没有说。"

"那还等什么呢？如果你感觉不好意思说，那还有一种更好的方式，你想过了吗？""可以给妈妈写一封信。"

"好极了。在妈妈离开家之前，给她看，她一定会非常欣慰的！爱妈妈，感觉对不起妈妈，就要大声地说出来！"

"嗯，好的！"她很开心地点点头。

"相信你心中的那块石头很快就会落下的。给妈妈看完之后，你再来跟朱老师聊聊你的心情，好吗？"

"好的！"她步履轻盈地走出了小房间，看得出，她非常开心。

几天后，我在操场上遇到她，她脸上就像开了一朵太阳花。

点点思雨

女孩子的心思细腻而敏感，尤其是那些父母不在身边的女孩子。她们长期缺失父母的爱，点点积郁时常无法得到及时的化解。这时，适当的疏导就能起到关键的作用。原本，母女之间缺少沟通，就如生命之树缺少营养一样。如果孩子误解了父母的爱，那孩子心中会有一片阴霾。其实，打开心扉，勇敢地表达爱，会创造出灿烂的晴空。

（朱一花　浙江省杭州市娃哈哈小学）

莫让心灵蒙上嫉妒之尘

中午刚进班不久,徐子涵满脸泪水地跑了过来:"老师,您看,不知道谁把我的奖状给撕了……"我低头一看,鲜艳的奖状已经四分五裂,伤痕累累了。再一问才知道,上午刚刚进行了本月的"班级之星"评比总结,获得了多个奖项的子涵本想中午把得到的奖状拿回家给爸爸妈妈看一看,却没想到落了一张在班里,找到后却发现,奖状已经被撕坏了扔在书桌里。

子涵越说越伤心,哭得跟泪人似的。班级从来没有出现过这样的情况,究竟是谁呢?我环视着全班,只见同学们也都在小声议论着,要么和同桌,要么和前后桌,你一言我一语地小声说着。正在我一筹莫展之时,突然发现靠墙坐的然然异常安静,低头不语,和此时整个班级的氛围很不协调,这让我想起了上午颁奖时的情景。

"接下来,我们请荣获'数学之星'的曲洪驰、徐子涵……八名同学上台领奖。"

"啊?!怎么又是徐子涵?她都得了好几个奖了。"我在宣布第五个奖项时,台下的同学们一片哗然,班级里顿时沸腾了,孩子们如一个个跳跃的小水泡,在教室里炸开了锅,就连平时安静如猫的然然都握紧双拳捶起了桌子,气得面红耳赤!也难怪,身为班长的子涵平时表现就很优秀,而在本学期最后一个月的"班级之星"评比中,她一人囊括了六项大奖,这样骄人的成绩真是让人羡慕忌妒啊!

想到上午然然的行为,看到她刚才的表现,我似乎明白了。接下来经过小小的调查,案情终于浮出了水面——都是嫉妒惹的祸!

下午放学后,我将然然单独留下,给她讲了这样一个故事:从前,有一个嫉妒心很强的人遇见了上帝。上帝说:"现在我可以满足你任何一个愿望。"那个人听了高兴不已。"但有一个前提,就是你的邻居会得到双份的报酬。"上帝接着说。那个人的脸马上就沉了下来。他心想:"如果我得到一份田产,我的邻居就会得到两份田产了;如果我要一箱金子,那邻居就会得到两箱金子了。"他想来想去,觉得不值得。为什么自己遇到了上帝,却便宜了邻居?他实在不甘心让邻居占便宜。最后,他一咬牙,对上帝说:"您挖我一只眼珠吧!"

"啊?!"听到这儿,然然惊讶地看着我。"看来,你可以想象得到,这个人被挖掉了一只眼珠,他的邻居就被挖掉了两只眼珠。因为不想便宜邻居,他宁愿失去自己的一只眼睛。然然,你看到了吗?嫉妒是一种多么可怕的心理,既伤人又伤己。其实对于别人取得的成绩,我们可以'羡慕',但更好的是和她一起分享成功的喜悦,向她学习。你说对吗?"

一个故事,一点启迪,润泽了然然干涸的心,指引了迷途的然然,当然然说出那一句"老师,我错了"的时候,我欣慰地笑了。

> 女孩如花,美丽动人,纯洁芬芳,在我的眼里,她们不但应该拥有干净可人的外表,更应该拥有健康美好的心灵。但现实生活中,我们不难发现,女生的嫉妒心理相比男生而言往往更加强烈,表现得更加明显。嫉妒让本来要好的朋友分道扬镳,让本来纯净的心灵蒙上尘埃。因此,为师者,要正确引导学生形成健康的心理,让她们能在你的言语中获得自信,感受温暖,让她们在你的引导下拭去心中的尘埃,找回本有的纯真,永远做一个清丽美好的如花女孩儿。
>
> (高莉莉 黑龙江省虎林市第五小学)